교사의 말 연습

상처 주지 않으면서
할 말은 다 하는

교사의
말
연습

김성효 지음

교사의 말이 달라지면 교실도 달라진다

교직 경력 4년 차, 6학년을 처음 담임했습니다. 학교엔 제법 익숙해졌지만, 아이들에겐 좀처럼 익숙해지지 않았습니다. 그도 그럴 것이 우리 반에는 왕따도 있고 전교생이 학교 짱으로 꼽는 일진도 있었으니까요. 아이들은 교사가 보지 않는 곳에서 교묘하게 왕따 아이를 괴롭혔습니다. 몰래 뒤통수에 침을 뱉거나 신발을 숨기거나 모둠 활동에서 배제했죠. 대놓고 나서는 일은 없었지만, 일진이 아이들을 뒤에서 조종하는 거라고 생각하곤 했습니다.

보다 못해 하루는 왕따당하는 아이를 편드는 말을 작정하고 했습니다.

"너희들은 도대체 왜 그러니. 친구를 따돌리거나 괴롭히면 안 된다는 거 몰라? 왜 이렇게 말을 안 듣는 거야. 선생님이 볼 때 그 아이(왕따)는 문제가 없어. 모든 건 다 따돌리고 괴롭히는 너희들 잘못이야. 얘들아, 선생님이 너희들을 얼마나 사랑하는 줄 알기나 하니? 선생님 마음을 안다면 제발 그러지 말고 사이좋게 지내."

독자들께서는 제가 했던 말에서 어떤 부분이 잘못되었는지 3가지 이상 찾으실 수 있나요? 저는 이때 적어도 3가지 이상 잘못 말했습니다. 교직 경력 25년 차에 들어선 지금은 그때 했던 말이 왜 잘못되었는지, 어떻게 했어야 했는지 잘 압니다. 저는 이때 교육적인 지도를 하기보다는 아이들과 타협을 하려 했고, 잘못하지 않은 아이도 잘못한 것처럼 뭉뚱그려 말했으며, 아이들에게 나쁜 아이라는 낙인을 찍는 말을 했습니다.

뒤에 다시 이야기하겠지만, 저는 이런 객관적인 자기관찰은 커녕 무슨 말을 하고 있는지조차 잘 몰랐습니다. 솔직히 고백하면 말끝에 설움에 복받쳐서 조금 울먹였던 것도 같습니다. 딴에는 진심을 담아 말했다고 생각했지만, 이 일은 뜻밖에도 반 아이들 대다수가 제게 등을 돌리는 계기가 되었습니다.

"우리 선생님은 말할 때마다 어린애처럼 징징댄다. 선생님은 어른이지만 신뢰하기 어렵다."

편을 들어주었던 왕따 아이가 그날 일기에 썼던 말입니다.

"선생님은 혼자만 착한 척한다. 재수 없다."

이건 사태를 지켜보기만 하던 방관자 아이가 일기에 썼던 말이고요.

여러분은 제가 아이들의 이런 반응에 얼마나 화가 나고 어이없었을지 상상하실 수 있을까요. 저는 아이들을 눈곱만큼도 이해할 수 없었습니다. 도대체 내가 뭘 잘못했다고 이런 소리를 하는 거야, 아이들을 볼 때마다 화가 가슴 밑바닥부터 치밀어 올랐습니다. 급기야 학생들에게 제대로 화내지 않은 것이 잘못이었다고 생각하면서 매일같이 화를 내고 강압적으로 야단했습니다.

원인을 잘못 짚었으니, 결과도 나쁠 수밖에 없었습니다. 화를 내면 낼수록 상황은 더 나빠졌습니다. 왜 화를 내도 교실이 나아지지 않는 것일까, 이해할 수 없었습니다. 어수선한 교실, 온갖 사고를 치며 엇나가는 아이들, 자존감을 잃고 헤매는 교사까지, 교실의 3박자는 불협화음을 내며 엉망으로 엉켜버렸습니다.

아이들의 진짜 속마음

이 일은 충격이 꽤 컸습니다. 잘하고 있다고 자만했던 저 자신을 깊이 돌아보게 됐고, 무엇이 문제인지 뿌리부터 다시 생각해보게 됐습니다. 학급경영, 수업, 교육과정, 교과서, 교사의 태도, 학생과의 관계, 저의 모든 것을 다 되짚어보았습니다. 도대체 무엇을 잘못하고 있어서 교실이 이렇게도 엉망인지 정말로 궁금했습니다.

답은 쉽게 나오질 않았습니다. 아침엔 누구보다 먼저 출근해서 수업을 준비하고, 교사용 지도서를 외울 때까지 읽고 또 읽어가며 교육과정을 연구하고, 서투르게나마 교육과정을 재구성해서 프로젝트 학습을 하고, 저녁엔 기초학력이 떨어지는 아이들을 7시까지 가르치는 데다가 주말엔 아이들과 두레 데이트까지 했습니다. 그 이상 뭘 더 해야 할지 알 수 없었습니다. 확실한 건 '이보다 열심히'는 답이 아니었습니다. 그 너머에 뭔가가 있다는 생각이 서서히 들기 시작했습니다.

그러던 어느 날이었습니다. 그나마 제 편이라고 생각했던 아이들 몇과 마음을 터놓고 이야기를 나누게 되었습니다.

"선생님이 너희들 많이 좋아하는 건 알지?"

"네. 알아요."

"근데 아이들이 왜 말을 안 들을까? 우리 반 아이들은 선생님이 하라고 하면 다 반대로 해. 청개구리처럼. 뭐가 문제인지 잘 모르겠어."

"…으음, 그게…"

아이들이 제 눈치를 보며 머뭇거렸습니다. 문득 아이들이 답을 알고 있다는 게 느껴졌습니다. 매일 나를 지켜보고, 나와 함께 수업해온 이 아이들이라면 무엇이 문제인지 알고 있겠구나, 싶었습니다. 아이들에게 간곡히 부탁했습니다.

"뭔데, 말해봐. 선생님은 너희들 생각이 궁금해. 솔직하게 말해줘. 선생님이 더 좋은 선생님이 되기 위해서 노력할게."

한참 만에 돌아온 답은 한 번도 머리에 떠오른 적 없던 단어였습니다.

"말이요."

"말? 무슨 말?"

너무나 의아해서 아이들에게 되물었습니다.

"선생님이 하는 말이요."

· 선생님은 칭찬할 때 그냥 잘했다고만 해요. (더 자세하게 말해주세요.)

· 선생님 기준으로 좋고 나쁘고를 정해요. (우리도 기준이 있어요. 우리 이야기도 들어주세요.)

· 선생님은 한번 나쁘게 보면 그 애는 항상 나쁘게 봐요. (우리가 항상 나쁘거나 항상 착할 수는 없잖아요.)

· 선생님은 설명이 길어요. 듣다 보면 오히려 앞에서 배운 걸 잊어버리게 돼요. (짧게 설명해주세요.)

그날 아이들이 해준 이야기는 교사로 살면서 들어본 적 없는 날카로운 비판이었습니다. 공개수업 때도 동료 교사들은 잘한다고만 했는데 말이지요. 정작 나는 왜 이런 나 자신을 몰랐을까, 기분이 나빴다기보다는 멍해졌던 것 같습니다. 고백하자면 그때까지 학생들에게 잘못 말하고 있을 거라는 생각은 한 번도 해보지 않았으니까요.

집에 오자마자 아이들이 해준 말들을 한 문장, 한 문장 공책에 정리했습니다. 몇 날 며칠을 말을 어떻게 바꿔야 할지 고민했습니다. 고민 끝에 평소에 제가 가장 자주 쓰는 말이 무엇인지 아이들에게 설문부터 해보았습니다.

결과는 충격적이었습니다. "손, 머리!" "조용히 해!" "집중!" "야!" 같은 말이 대부분이었습니다. 얼굴이 화끈거리고 한없이 부끄러웠습니다. 아이들이 교사의 말을 어떻게 받아들이고 있었을지 짐작하고도 남았습니다. 아이들이 사실을 말해주지 않았다면 저는 그런 저를 조금도 눈치채지 못했을 겁니다.

다음 날 선생님이 말을 어떻게 바꾸길 기대하는지 다시 설문했습니다. 아이들은 "잠깐만 멈춰보자" "선생님이 먼저 말할게. 조금 기다려볼래?" "여기 보세요"처럼 말해달라고 답해주었습니다. 아이들이 해준 말을 컴퓨터 모니터에 써서 붙인 다음 매일 연습했고, 교단 일지에 연습 과정을 따로 기록해두었습니다.

아이들이 해준 피드백은 정확했습니다. 말을 바꾸자 교실은 달라졌습니다. 교실은 안정적이면서도 평화로워졌고, 아이들 사이에선 싸움이 줄어들고 수업에 더 잘 집중하게 됐습니다. 아이들은 교사를 잘 따르게 되었고요. 내내 속 썩이던 일진 아이가 먼저 다가와서 "선생님이 좋아요"라고 말했을 때 제가 얼마나 놀랐을지 짐작하시려나요.

소름 돋을 만큼 놀라운 변화가 교실에서 일어나고 있었습니다. 교사의 말을 바꾸는 것만으로도 교실이 평화로워질 수 있다는 사실이 너무나 놀랍고 신기했습니다. 아마도 교사가 아이를 대등한 한 사람의 인간으로 존중하는 것을 말로 보여주고, 아이의 변화무쌍한 감정에 공감한다는 것을 말로 느끼게 해주었기 때문에 가능했던 변화일 것입니다.

교사의 말 연습이 필요한 이유

교사는 말로 시작해서 말로 끝난다는 것이 제가 그 시절 인고의 시간을 보낸 끝에 내린 결론입니다. 교사에게는 하루의 시작도 말이고, 끝도 말입니다. 교사는 수업 시간에도 쉬는 시간에도 심지어 점심시간에도 말을 합니다. 학부모에게도 교육적인 말을 해야 하고, 동료 교사와도 교육적인 활동과 관련한 말을 합니다. 교사가 하는 말 한마디 한마디가 중요할 수밖에 없습니다. 친절하고 부드럽게 제대로 말하지 못한다면 결과는 참담할 겁니다. 제가 앞서 겪었듯이 말이지요.

저는 이걸 이미 뼈저리게 느꼈기 때문에 '세상을 바꾸는 시간 15분'에 '학급을 경영하라'라는 주제로 출연했을 때도 교사의 말이 얼마나 중요한지 언급했습니다. 지금도 교사들에게 강의할 때마다 교사의 말하기는 무엇보다 중요하다고 강조하곤 합니다.

말하기를 연습하라고? 굳이? 정도로 생각하는 교사들도 더러 있지만, 절대 그렇지 않습니다. 책에서도 수없이 강조하겠지만, 교사의 말은 우리가 생각하는 것보다 열 배 스무 배 더 힘이 셉니다. 교사의 말은 아이들의 삶을 바꾸기도 하고, 자존감을 떨어뜨리는가 하면, 모든 어려움을 이겨낼 힘을 만들어주기도 합니다. 수업을 성공적으로 이끄는가 하면 무엇을 배웠는지 전혀 모르게 만들 수도 있습니다.

말은 습관입니다. 처음은 낯설고 어색할지 몰라도 원리를 알고 적극적으로 반복해서 연습하면 반드시 나아집니다. 경력이 짧은 교사는 물론이고, 경력이 많아도 학생 지도가 힘든 교사가 있다면 말부터 바꾸는 게 좋습니다. 상황에 맞는 적절한 말과 지도는 어떤 학생이든 달라지게 할 수 있습니다. 굳게 믿고 실천해보세요. 어떤 교사든지 행복하고 따뜻한 교실을 만들어갈 수 있습니다.

이 책은 교사의 말에 초점을 두고 있습니다. 교실 속 다양한 문제 상황에서 어떻게 말해야 학생들에게 원하는 결과를 얻어낼 수 있는지를 실제 사례를 들어 이야기하였습니다. 그동안 강연과 책으로 만났던 수많은 교사가 던진 질문을 Q and A 형식으로 풀었습니다. 저도 교실에서 경험했고 다른 많은 교사가 똑같이 경험하는 문제인 만큼 책을 읽는 분들께도 깊이 와닿을 것이라고 믿습니다. 말을 바꾸면 정말로 교실이 바뀌니까요.

이 책에서는 교사가 교실에서 부딪치는 문제 상황들을 해결할 수 있는 말의 키워드로 6가지를 제시했습니다. 존중의 기술, 공감의 기술, 권유의 기술, 수업의 기술, 소통의 기술, 성장의 기술입니다. 결국 대화란 마음을 담는 그릇이기 때문에, 교사가 어떤 마음 그릇을 쓸 것인지에 따라 범주를 나누었습니다.

좋은 대화는 언제나 상대를 존중하는 것부터 시작합니다. 상대의 마음을 열고 다가가야 제대로 된 대화를 할 수 있기에 상대의 마음을 존중하고 인정하면서 이야기를 나눠보세요. 학생뿐 아니라 교사 자신이 다른 동료나 학부모에게 상처받는 일도 줄어듭니다.

공감은 아이들의 다양한 감정 표현을 쿠션처럼 받아들이는 대화의 방식입니다. 세게 날아오는 감정의 말이 공감이라는 쿠

션을 한 번 거치면 마음은 덜 아프고 상황은 더 객관적으로 바라볼 수 있습니다. 공감은 교사가 상처받지 않고 아이는 올바른 감정 표현을 배울 수 있는 최고의 대화법이라는 걸 꼭 기억해주셨으면 합니다.

특히 교실에서 온갖 문제를 일으키는 학생들과 이야기 나눌 때 꼭 기억해야 할 것이 권유의 기술입니다. 권유하는 대화는 더 나은 해결책을 아이 스스로 찾아낼 수 있도록 이끌어줍니다. 아이의 뾰족하게 날 선 마음을 먼저 인정하고 성큼 다가서는 권유의 대화법을 함께 익혀보셨으면 합니다.

교사는 교실에서 온갖 다양한 사건과 상황에 부딪힙니다. 학생들과 좋은 관계를 맺어야 하는 것은 물론이고, 수업도 매끄럽게 잘 이끌어가야 합니다. 그래서 수업 시간에 일어나는 다양한 일에 부드럽게 대처하는 교사의 말하기도 함께 다루었습니다. 특히 교사가 가장 껄끄럽고 어렵게 생각하는 학부모나 교장, 교감을 비롯한 동료 교원과의 관계를 유연하게 맺기 위해 필요한 말하기도 책에서 비중 있게 이야기했습니다. 누군가에게 상처 주지 않으면서도 할 말은 다 하고 싶은 교사들에게 도움이 되리라 믿습니다.

무엇보다 중요한 것은 사실 내가 자신과 나누는 내면의 대화입니다. 한순간도 쉬지 않고 우리는 우리 자신에게 늘 속삭입니다. 너는 못났어, 너는 좋은 선생이 아니야, 오늘도 화냈네, 나는 왜 이럴까, 같은 말을 수없이 해왔을 겁니다. 자신과 나누는 대화조차도 주의 깊게 살펴보고 바꿔야 합니다. 그래야 삶도 긍정적으로 달라집니다.

이 책이 선생님의 마음을 친절하고 따뜻한 말 그릇에 담아내는 데 도움이 되길 진심으로 바랍니다. 참고로 이 책에서는 '학생'이란 말 대신 제가 교실에서 즐겨 쓰던 '아이'라는 말을 주로 썼습니다. 함께해주셔서 고맙습니다.

2023년 김성효 씀

차례

1장
있는 그대로 인정해주는
존중의 기술

있는 그대로 인정해주는

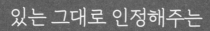

존중의 기술

마음을 담은
다정한 말의 힘

'야!' 대신

"야!"라고 부를 때마다 왠지 아이들을 무시하는 것 같아요.

"야, 어디 가!"

"야! 빨리 와!"

많이 들어보셨지요? 학교에서 가장 자주 들리는 소리라면 "야!"일 겁니다. 교실에서 가장 자주 쓰이는 말도 "야!"이고요. 친구들끼리 서로를 부르거나 교사가 학생을 부를 때도 편하게 "야!"라고 하지요. 심지어 학교에서 "야!"라고 부르면 학생들은 당연히 불특정 다수인 자신들에게 하는 말인 줄 알고 돌아볼 정도입니다.

국어사전에서는 이렇게 적고 있습니다.

야 : 어른이 아이를 부르거나 같은 또래끼리 서로 부르는 말

쉽게 말해 나와 비슷하거나 나보다 어린 사람을 편하게 부르는 소리라는 뜻입니다. 어른이 아이를 부르거나 같은 또래끼리 서로를 부르는 소리라는 것은 그만큼 상대를 편하게 여기고, 낮추어서 부른다는 것이지요. 그렇다면 교실에서 교사가 학생에게 "야!"라고 부르는 것은 어떨까요? 학생을 존중하기보다는 아무래도 낮춰서 대한다는 뜻을 담은 표현이겠지요.

여러분은 반에서 아이들이 듣기 싫어하는 말을 설문해본 적이 있나요. 저는 해마다 아이들에게 듣기 싫어하는 말을 설문해서 그 결과를 학급경영에 꼭 반영했습니다. 아이들이 해주는 말은 교사가 가장 귀담아들어야 하는 말입니다. 적어도 한 해에 한 번씩은 설문해보았으면 합니다.

아이를 한 사람의 인간으로 대등하게 존중하려면 어떻게 말해야 할까요? 저는 아이들과 교실에서 쓰지 말아야 할 금칙어를 몇 가지 정해서 꾸준히 지켰습니다. 그 첫째가 "야!"였습니다. 반에서 듣기 싫은 말을 설문했을 때 "야!"라는 말을 아이들이 가장 먼저 꼽았기 때문입니다. "안 돼" "빨리 좀 해" 같은 말이 이어서 꼽혔고요. 설문 결과를 보니, 아이들에게 함부로 "야!"

소리를 못 하겠더군요.

아이들과 학급회의에서 "야!" 대신 쓸 말을 찾았습니다. 아이들은 "애들아!" "○○야"처럼 불러주는 게 기분이 좋다고 했습니다. 그 이후로는 저도 아이들도 쭉 그렇게 불렀습니다. 성을 빼고 이름만 부르는 게 처음에는 어색할지 몰라도 학기 초부터 꾸준히 지도하면 자연스레 입에 뱁니다. 나중엔 다른 반 아이들이 서로 "야, 김○○" 하고 부르면 그 말에 소스라치게 놀랄 정도로요.

아이들이 "야!" 대신 할 말로 찾아낸 "애들아"는 여러 면에서 효과가 좋았습니다. 싸움이 줄었고, 남자아이들과 여자아이들 사이도 편안해졌습니다. 모둠 활동이나 발표 수업도 한결 부드러운 분위기에서 진행할 수 있었고요.

이 간단한 말 바꾸기만으로도 교실이 달라졌던 데에는 그만한 이유가 있습니다. 말은 마음을 담습니다. 우리는 이름을 단순한 호칭으로만 부르지 않습니다. 상대에 대한 마음과 감정을 담지요. 내 이름을 다정하고 따뜻하게 불러주는 상대에겐 화를 내고 싶어도 낼 수가 없습니다.

실제로 학기 말에 다시 설문해보면 아이들이 서로 이름으로 부르는 것을 진심으로 좋아했습니다. "친구들이 '야! 김지우!'라고 부를 때보다 '지우야!'라고 불러주니까 기분이 좋았다"

"이름을 부르면서 사이가 나빴던 친구와 사이좋게 지내게 되었다" "여자(남자) 아이와 싸우는 일이 줄어들었다" 같은 응답이 압도적으로 많았지요.

말은 눈에 보이지 않지만, 말이 쌓이면 눈에 보이는 변화가 됩니다. 작고 사소한 일이지만, 아이들이 마음을 담아 친구를 다정하게 부르면 교실은 정말로 달라집니다. 교사가 학생들을 부를 때도 무심결에 "야!"나 "야, 김○○" 같은 소리가 튀어나오지 않도록 주의하는 게 좋습니다.

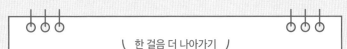
눈을 보면서 이야기하기

대화할 때는 상대의 눈을 보는 것이 자연스럽습니다. 아직 어린 학생들이라면 눈을 쳐다보면서 주의 깊게 듣거나 말하는 것에 어색할 수도 있습니다. 자기표현에 서툰 아이들은 더욱 그렇고요. 상대의 눈을 보면서 대화하는 태도는 시간을 내서 따로 지도하는 게 좋습니다.

가정과 학교에서 함께 지도하면 아이의 대인 관계가 눈에 띄게 좋아집니다. 본래 사람은 아이든 어른이든 자신의 말을 잘 들어주는 상대를 좋아하기 마련입니다. 아이들도 똑같습니다. 자기 이야기를 잘 들어주는 사람은 좋은 사람이라는 공식이 마음에 새겨져 있습니다. 잘 들어주는 아이를 좋아합니다.

학생들에게 상대의 눈을 쳐다보면서 말하고, 듣는 이는 적당한 반응이나 질문을 하면서 듣도록 하는 대화의 기본 원리를 가르쳐주세요. 평소 선생님이 하는 자잘한 말도 주의 깊게 듣고, 적절히 반응하면서 질문하고, 특히 눈을 쳐다보도록 강조하는 게 좋습니다.

· 말하는 사람은 상대의 눈을 보면서 말하도록 합니다.

- 다수에게 말할 때는 상대적으로 마음이 편안한 특정인을 바라보면서 말하게 합니다.
- 듣는 사람은 말하는 사람의 눈을 바라보게 합니다.
- 상대의 말이 길어지더라도 몸을 비비 꼬거나 지루해하는 표정을 짓지 않도록 합니다.
- 상대의 말에 적절하게 반응하게 합니다.
- 고개 끄덕이기, "아, 그렇구나" 하면서 맞장구치기, 궁금한 것은 메모했다가 질문하기 등은 꾸준히 반복해서 지도하는 게 좋습니다.

각자의 때, 각자의 속도로
피어나는 아이들

'빨리 좀 해' 대신

평소 행동이 유난히 굼뜨고, 무슨 과제를 줘도 느리게 하는 아이가 있습니다. 이런 모습을 보면 답답해서 저도 모르게 빨리 좀 하라고 야단하게 됩니다. 이럴 때는 어떻게 말해야 할까요?

뜬금없는 말 같지만, 저는 시골에 산 지 오래입니다. 버스가 한 시간에 한 대 지날 정도로 외진 곳입니다. 생활은 살짝 불편하지만, 하늘과 달과 바람과 더불어 살기에 매일같이 꽃이 피고 낙엽이 지고, 논에 벼가 심어지고 어느새 추수의 때가 오는 것을 봅니다.

시골에 살면서 깨달은 게 하나 있습니다. 참으로 흥미롭게도 너무나 정확하게 봄이 되었다 싶으면 개나리가 피고, 또 가을이 오는구나 싶으면 국화가 핀다는 겁니다. 제아무리 예쁘고 우아해도 어떤 국화도 개나리의 때에 피지 않고, 어떤 진달래도 코스모스의 때에 피어나지 않습니다. 꽃들은 정말로 딱 자기 때에 맞게 피어납니다.

아이들도 똑같습니다. 각자의 때가 있고, 각자의 속도가 있답니다. 교실에는 아이들 수만큼 다른 속도가 존재합니다. 모든 아이가 저마다 다른 속도로 배우고 이해하고 놀고 생각하지요. 어디서나 톡톡 튀는 아이가 있는가 하면 좀처럼 눈에 안 띄는 아이가 있고, 배우는 속도가 유난히 빠른 아이가 있는가 하면 답답할 정도로 한없이 느린 아이가 있습니다.

모든 아이가 하나를 듣고 열을 이해한다면 가르치는 일이 얼마나 쉽고 편할까요. 세상에서 가장 만만한 직업이 선생이겠죠. 그런데 너무나 당연하게도 교실에는 배움이 빠른 아이보다 그렇지 않은 아이가 훨씬 많습니다. 심지어 조금 느린 게 아니라 어떤 과제를 주더라도 다른 아이보다 몇 배는 시간이 걸려야 간신히 끝마치는 아이도 있습니다.

배우는 속도가 느린 아이를 가르치는 것은 교사가 끝없이 인내해야 하는 일입니다. 교사가 몇 번이고 아이를 들여다보아야 하고, 여러 차례 똑같은 말을 하면서도 짜증 내지 않고 또 해줄 수 있어야 합니다. 이렇게 사람에 대한 인내가 필요한 직업은 세상에 많지 않습니다. 어쩌면 한 사람이 성장하기까지 끝없이 기다리고 이해하고 사랑해주는 유일한 직업이 선생일 겁니다. 그래서 선생하기가 힘들고 고된 것이고요.

　행동이 느리고 굼뜬 아이를 지도할 때는 느린 원인을 찾아서 지도해주면 좋습니다. 이해를 잘 못하고 말귀를 못 알아듣기 때문에 행동이 느리다면 아이 곁에 가서 한 번 더 천천히 설명해주세요. 아이가 충분히 이해한 다음 활동을 시작하게 하면 혼자 뒤처지거나 머뭇거리느라 제대로 활동을 못 하는 일이 줄어듭니다. 저학년이라든가 아직 다른 아이보다 이해하는 능력이 떨어지는 경우에 해당합니다.

> [과제가 다 끝날 즈음]
> 수아 : 저 아직 다 못했어요.
> 교사 : 선생님이 아까 20분까지는 마쳐야 한다고 했잖아. 넌 왜 이렇게 행동이 느리니?

> [과제를 시작하기 전에]
> 교사 : 수아야, 선생님이 방금 무슨 이야기했는지 이해했니? (곁에 가서 묻기)

> 수아 : 아니요. 잘 모르겠어요.
>
> 교사 : 선생님이 방금 한 이야기는 ○○○이야. 무슨 뜻
>
> 이라고 했니, 수아가 선생님한테 한번 설명해볼
>
> 래? (한 번 더 확인하기)
>
> 수아 : ○○○ 하라고 했어요.
>
> 교사 : 그래. 그럼 시작해볼까?

원인이 딱히 없고, 그저 느리게 행동하는 것이 몸에 밴 경우라면 조금 다르게 접근하는 게 좋습니다. 이 경우 과제 수행에 필요한 시간을 아이 스스로 가늠해보게 하세요. 언제까지 무엇을 하고, 그다음 언제까지는 무엇을 해야 하는구나, 라는 생각을 의도적으로 하게 하는 겁니다.

이렇게 지도해주면 아이 스스로 시간을 안배해서 활동하는 것이 점점 몸에 배게 됩니다. 아이 스스로 끝낼 시각을 가늠하면서 활동하도록 지도하면 시간 내에 끝마치려고 서서히 노력하게 됩니다. 나중에는 다른 아이들처럼 주어진 시간에 과제를 모두 마칠 수 있지요.

> 교사 : 애들아, 다 했니?
>
> 아이들 : 네. 다 했어요.
>
> 교사 : 아직 다 못 한 사람, 손!

수아 : (혼자 손을 든다.) 저요. 아직 다 못했어요.

교사 : 왜 이렇게 행동이 느려. 빨리 좀 하라니까. 앞으로
　　　5분 안에 끝내!

교사 : 수아야, 아직 다 못했니? 그거 다 마치려면 시간이
　　　얼마나 필요할까?

수아 : 5분이요. (스스로 시간 짐작해보기)

교사 : 그럼 5분 안에 정리까지 하는 거야. 5분 안에 마치
　　　자. (끝마칠 시각 알려주기)

　　마지막으로는 성격이 지나칠 정도로 꼼꼼하고 완벽한 걸 좋아해서 다른 아이보다 행동이 느린 경우입니다. 이럴 때는 본인이 해오던 것보다 속도를 조금 더 내게 하되, 과정에 초점을 두어 격려해주는 게 좋습니다. 설사 아이 스스로 결과물이 마음에 차지 않더라도 시간적인 한계를 분명하게 알려주고, 잘 해내려고 노력한 과정만으로도 충분히 멋지다고 말해주는 겁니다.

교사 : 아직 다 못 한 사람, 손!

수아 : (혼자 손을 든다.) 저요. 아직 다 못했어요.

교사 : 왜 이렇게 행동이 느려. 앞으로 5분 안에 끝내!

교사 : 수아야, 아직 다 못했니?

수아 : 네. 아직이요.

교사 : 수아야, 아쉽지만 이제 수업 시간이 10분밖에 안
남았어.

수아 : 아, 벌써요? 다 못했는데….

교사 : 괜찮아. 이렇게 꼼꼼하게 한 것도 충분히 훌륭해.
못한 것은 집에서 마무리하고, 친구들한텐 한 만
큼만 보여주자. (한계 그어주기)

배움이 느린 아이는 누가 옆에서 빨리 마치라고 다그치면 오
히려 더 못 하는 경우가 많습니다. 이런 아이 옆에 과제 수행 속
도가 빠르면서 이기적인 성향이 강한 아이를 붙여놓으면 타박
을 듣는 일이 많습니다. "너는 왜 이렇게 못 하니?" "너는 언제
다 할래?" 같은 잔소리를 하기 일쑤죠. 여기에 교사까지 "빨리
좀 하라니까" 하고 야단하게 되면 아이는 잘하고 싶어도 잘하
기 어렵습니다.

이런 경우는 느린 아이를 배려하고 이해해줄 수 있는 아이를
붙여주는 편이 낫습니다. 천천히 과제를 수행하되, 끝까지 마무
리하도록 격려해줄 수 있는 성숙하고 배려심이 많은 아이를 옆

에 앉혀주세요. 특히 교사의 눈에 잘 닿는 곳에 앉혀서 자주 학습 속도와 과정을 확인해주는 게 좋습니다.

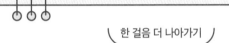

한 걸음 더 나아가기

비인지 능력을 키워주는 교사의 말

최근 연구들은 인지 능력보다 비인지 능력이 아이가 성공적인 삶을 사는 측도를 말해주는 지표라는 걸 밝혀냈습니다.[1] 우리가 간과하기 쉬운 감사, 인내, 자아존중감, 공감 능력 같은 비인지 능력이 아이가 사회적으로 성공하고 건강한 삶을 누리는 데 오히려 더 큰 영향을 미친다는 것이지요.

비인지 능력은 끝까지 버텨내는 힘, 상상하는 힘, 대화하는 힘, 참는 힘 같은 눈에 보이지 않는 능력을 말합니다. 비인지 능력은 겉으로 드러나는 게 아니기 때문에 전통적인 IQ테스트로 측정이 어렵습니다. 눈에 보이진 않지만, 앞으로 미래 사회에서 더욱 중요하게 다뤄질 부분이 바로 종합적인 인간력입니다. 우리가 아이들을 위해 꼭 키워주려 애써야 하는 마음의 힘입니다.

비인지 능력은 정서의 발달과 안정부터 시작해서 자립심의 발달, 사회성의 발달, 지식의 습득 순으로 발달해간다고 합니다. 비인지 능력을 키우기 위해서는 무엇보다 아이의 정서적인 발달과 안정이 존중되어야 한다는 것을 알

비인지 능력이 자라는 발달 삼각형[2]

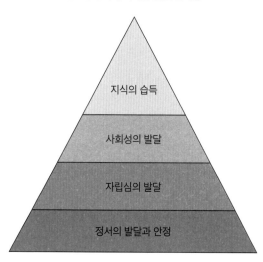

- 지식의 습득
- 사회성의 발달
- 자립심의 발달
- 정서의 발달과 안정

수 있지요. 이 정서적 발달을 바탕으로 아이 스스로 해보고 싶어 하는 자립심을 북돋워주고, 서로 어울려 놀고 공부하는 힘을 일깨워주고, 그다음에야 공부하고 지식을 습득하는 것이어야 한다는 것이 참으로 인상적입니다.

교실에서 평소 아이가 하는 말도 있는 그대로 존중되어야 합니다. "지금 그걸 말이라고 하니?" "너는 왜 그런 게 궁금하니?" 같은 말은 아이가 마음의 힘을 키우지 못하게 만듭니다. 교사가 해서는 안 되는 말이지요. "지금은 설명해줘도 몰라" "나중에 저절로 알게 돼 있어" 같은 말도 비인지 능력을 키우지 못하게 막는 말입니다. 아이를 한 사람의 개성 있는 인간으로 존중한다면 누구도 아이가 어리다고 무시하는 말을 하진 않을 겁니다.

전에 곤충을 좋아하는 아이를 위해 주말마다 곤충을 관찰하러 야외에 나간다는 학부모를 본 적이 있습니다. 저는 이 말을 처음 들었을 때 '곤충이라면 인터넷으로 찾아봐도 되지 않을까' 정도로 가볍게 생각했습니다. 비인지 능력이 얼마나 중요한지 공부한 다음에는 이 부모가 아이가 좋아하고 즐기는 것을 위해 함께하고 시간을 내서 애써준 것은 아이의 비인지 능력을 키우는 최적의 방법이었다는 걸 깨닫게 됐습니다. 아이가 좋아하고 즐기는 것을 하찮게 생각하지 않고, 그 자체로 소중하게 여겼기 때문이지요.

교사라면 자신의 말을 곰곰이 관찰해보세요. 내가 아이의 비인지 능력을 꺾는 말을 하는 것은 아닐지, 아이를 한 사람의 인격으로 존중하고 있는지, 아이의 마음과 감정을 그 자체로 인정하고 수용하는지, 모든 것은 말에서 드러납니다. 찬찬히 살펴보면 무엇을 잘못하고 있는지 찾아낼 수 있을 겁니다.

교사 : 그걸 말이라고 하니? 그게 어떻게 가능해?

 → 우와, 재미있는 생각을 했구나. 상상력이 풍부하네.

교사 : 그런 건 어릴 때 별로 중요하지 않아. 나중에 크면
　　　배우는 거야.

 → 이런 게 궁금하구나. 지금은 이해하기 어려운 내용
　　일 수 있지만, 선생님이 네가 이해할 수 있는 부분까
　　지 설명해줄게.

아이를 성장시키는
진짜 칭찬의 힘

'잘했네' 대신

화내는 것 못지않게 잘했을 때 칭찬하는 것도 고민이 됩니다. 어떻게 하는 것이 좋은 칭찬일까요?

캐럴 드웩은 미국의 유명한 심리학자입니다. 그는 무심코 "똑똑하구나" "천잰데?"처럼 지능을 칭찬하면 아이들의 창의성과 문제해결력을 오히려 떨어뜨릴 수 있다고 지적했습니다. 칭찬이 고래도 춤추게 한다지만, 조련사가 고래를 칭찬할 때는 다분히 상업적인 의도가 들어 있습니다. 통제를 위한 칭찬이기 때문이지요. 인간의 아이를 칭찬할 때는 당연히 고래와는 다르게 접근해야 하지 않을까요.

아이들에게 하는 칭찬도 좋은 칭찬과 그렇지 않은 칭찬이 있습니다. 좋은 칭찬은 아이에게 득이 되고, 나쁜 칭찬은 아이에게 독이 됩니다. 교실에서도 가정에서도 그렇습니다. 그렇다면 과연 어떤 칭찬이 아이에게 바람직할까요?

《경쟁에 반대한다》라는 책으로 널리 알려진 교육학자 알피콘은 칭찬에도 4가지 기술이 있다고 말합니다.[3] 첫째, 말없이 지켜보기. 평가의 의미를 담은 "잘했어"라는 말 대신 그저 말없이 아이를 지켜보고 있음을 알게 하라는 뜻입니다. 둘째, 보고 있는 것을 설명하기. 예를 들어 아이가 그림을 그렸을 때 "와, 잘했네" "멋지네" 같은 의미 없는 말 대신 "보라색으로 색칠했구나" "따뜻해 보이는구나"처럼 눈에 보이는 그대로를 설명하라는 겁니다.

셋째, 본 것을 바탕으로 질문하기. 아이가 그린 그림을 보면서 "왜 들판에 보라색을 칠했니?"처럼 물어보는 겁니다. 여기엔 평가 대신 객관적인 관찰과 서술만 있어야 합니다. 넷째, 과정을 물어보기. 결과보다 과정에 초점을 두고 지도해야 결과에 연연하지 않습니다. 부모나 교사가 아이의 재능이나 타고난 머리를 칭찬할 경우, 아이는 자신이 잘한 것이 머리 때문이라고 믿게 됩니다. 노력해서 얻어내는 성과가 아니라 요행을 기대하게 되지요.

이 모두 교사가 귀담아들어야 할 귀한 조언이라고 생각합니다. 이런 의미에서 생각한다면 교사가 "응. 잘했네" 하는 말은 엄밀하게는 칭찬이라고 보기 어렵겠지요. 교사의 판단을 배제하고, 객관적으로 관찰한 것을 서술하는 따뜻한 격려와 관심이 올바른 칭찬에 더 가깝습니다.

물론 교사가 바쁘고 일이 많을 때는 아이에게 잘해주고 싶어도 그렇게 잘 안 됩니다. 앞으로는 신경 써서 칭찬해야지, 했다가도 좋은 말이 잘 안 나오지요. 마음이 바쁘고 일에 쫓기면 누구나 그렇습니다.

저도 복식학급을 담임할 때 그랬습니다. 그땐 공문이 너무 많아서 정신없이 공문을 쓰다가 틈이 날 때 수업을 하는 식이었습니다. 수업은 질이 떨어지고 아이들을 살뜰하게 칭찬해주고 싶어도 그럴 수 없었습니다. 수업은 마감이 없지만, 공문은 마감이 있기 때문에 공문이 먼저였습니다.

이런 일을 경험한 까닭에 저는 좋은 수업을 위해서도 그렇지만, 좋은 칭찬을 위해 무엇보다 교사에게 시간적인 여유를 주는 것이 가장 중요하다고 생각합니다. 지난 7년을 도교육청에서 장학사로 일했습니다. 제가 장학사로 일하는 동안 깨달은 한 가지는 아마도 대한민국 공교육이 천지개벽을 할 정도로 획기적인 혁신이 일어나지 않는 한 학교 업무는 크게 달라지지 않을 거라는 겁니다. 많은 공문, 과다한 업무, 과밀 학급, 추락하는 교권 등은 교사들이 현장에서 수십 년째 외쳐온 부분이지만 현실적으로 달라진 건 거의 없습니다.

그럼에도 저는 늘 희망을 이야기합니다. 교육은 언제나 희망을 품고 걸어가는 정말로 우직한 걸음이니까요. 칭찬도 당장 실천할 수 있는 것부터 하나씩 바꿔보는 게 좋겠지요.

제가 생각하는 좋은 칭찬은 괜찮은 말 몇 마디가 아닙니다. 아이와 이야기를 나누는 과정 자체입니다. 짧게 뭉뚱그려서 잘했다는 말 한마디보다 아이가 수행한 과제에 따뜻하게 관심을 갖고, 이야기를 세심하게 나누는 과정 자체가 아이를 성장하게 하고 이끌어주는 진짜 칭찬이라고 생각합니다.

> 소영 : 선생님, 저 이거 이렇게 색칠했어요.
> 교사 : 어, 잘했네. 가서 또 해봐.

> 교사 : 여기는 보라색으로 칠했구나. (객관적 사실만 말하기)
> 왜 보라색으로 칠했니? (사실을 바탕으로 묻기)
> 소영 : 보라색이 좋아서요. 들판에 로즈메리가 핀 걸 그렸어요.
> 교사 : 아, 그렇구나. (공감하기) 아까 소영이가 꼼꼼하게 색칠하느라 애쓰더라. (과정 칭찬하기) 나머지도 보라

◖　색 칠할 때처럼 열심히 해보자. (기대하는 행동 말하기)　◗

이 대화에서 교사는 한마디로 짧게 대화를 끝내지 않았습니다. 아이가 그린 그림을 관찰했고, 수행한 과정을 놓치지 않고 봐줬으며, 어떤 부분을 왜 그렇게 표현했는지 관심을 갖고 물었습니다. 아이가 열심히 노력한 과정을 세심하게 짚어줬고요. 노력한 과정을 눈여겨본다는 것은 아이의 조그만 성장과 변화를 알아차린다는 뜻입니다. 아이는 교사와 이렇게 이야기 나누는 과정에서 깊이 존중받고 관심받고 있음을 느낄 수 있지요.

칭찬이 단순하게 말 몇 마디로 끝나는 것이라면 세상 모든 이가 가볍게 하는 말이 다 칭찬일 겁니다. 옷가게에서 주인이 손님에게 잘 어울린다고 말한다고 해서 그걸 진짜 칭찬이라고는 대부분 믿지 않습니다. 마음을 담지 않았고, 상황과 과정을 보지 않았으며, 결정적으로 그 사람이 어떤 사람인지 잘 모르는 상태에서 하는 말이니까요.

교사의 칭찬은 달라야 합니다. 교사는 행동을 평가하는 말이 아니라, 아이의 행동에 집중하는 말을 해야 합니다.

> 교사 : 어머, 잘 치웠네. (행동을 평가한다.)
> → 깔끔하게 치워줘서 고마워. 덕분에 교실이 깨끗해졌네. (행동에 집중한다.)

44 …

교사 : 와, 잘 그렸다. (행동을 평가한다.)

→ 열심히 그렸구나. 끝까지 노력해줘서 고마워. (행동
에 집중한다.)

착하다, 잘했다, 대단하다, 멋지다처럼 행동을 평가하면 아이는 그 말을 한 번 더 듣기 위해 똑같은 행동을 합니다. 아이가 진짜 하고 싶어서 한 행동이 아닌 것입니다. 그보다 '네가 ○○ 해줘서 고맙다, ○○해주는 것이 교실에 도움이 됐다'처럼 행동에만 집중하는 것이 좋습니다.

믿어주고 기다려주면
얼마든지 달라집니다

'이러면 엄마 오셔야 돼' 대신

친구들과 자주 싸우는 아이가 있습니다. 하루는 아이에게 화를 내다가 자꾸 이러면 엄마 모셔 와야 한다고 으름장을 놓았습니다. 순간 아이가 움찔하면서 놀라는 것 같았어요. 그 모습을 보니 마음이 안 좋았습니다. 이럴 땐 어떻게 말하는 게 좋을까요?

엄마가 어린 자녀에게 화를 내는 모습을 보신 적 있나요. 대부분 다음과 같이 화를 냅니다. 처음엔 "이렇게 하면 안 돼" 하고 점잖고 교양 있게 타이릅니다. 같은 행동을 반복하면 "너 자꾸 이렇게 할래?" 야단하지요. 그러고도 안 되면 "너 이렇게 나쁜 짓 하면 경찰 아저씨가 데려간다"고 하지요. 물론 어떤 부모도 정말로 경찰이 와서 자녀를 데려가길 바라는 마음으로 이런 말을 하진 않습니다. 아이의 울음을 멈추려고 경찰이라는 낯선 권위에 잠시 기대는 것뿐이지요.

저도 경력이 짧았을 땐 비슷한 식으로 화를 냈습니다. "선생님이 그렇게 하지 말랬지? 자꾸 말 안 듣고 너 하고 싶은 대로 할래?"로 시작해서 나중엔 "안 되겠어. 너 자꾸 이러면 엄마 모셔와야 돼. 엄마 전화번호 불러봐"라고 말하곤 했습니다. 반은 협박이고, 반은 거짓말이었습니다. 해당 학부모를 진짜로 부르는 일은 매우 드물었습니다. 시간이 조금 흐른 뒤엔 선생님이 괜히 겁주려고 하는 소리라는 걸 아이들도 알 정도였습니다.

어떤가요. 잘못돼도 한참 잘못된 지도지요. 아이에게 하지도 않을 일을 거짓말로 부풀려 말한 것도 그렇지만, 더 중요한 건 따로 있습니다. 교실에서 벌어진 일을 교실 밖에 있는 엄마를 불러서 해결하려 한다는 걸 아이에게 암시했던 것이야말로 더 잘못된 지도였습니다.

교실에서 일어난 일은 교실에서 해결하는 게 좋습니다. 어떤 사건, 어떤 문제 상황이어도 이 원칙을 지키는 게 좋습니다. 일차적으로 이런 노력을 하고도 정 안 되면 모를까, 처음부터 교실 밖의 권위에 기대버리면 교사와 학생은 교실 속 갈등과 문제를 해결할 방법을 배울 기회를 놓치게 됩니다.

어떤 경우든 교사가 학생에게 '날 믿어. 널 도와줄게. 선생님이 너와 함께하면 얼마든지 해결할 수 있어'라는 믿음을 절대적으로 심어주세요. 이런 신뢰를 학생과 교사 사이에 쌓는 것이 평화로운 교실을 만드는 데에 무엇보다 중요합니다.

때로는 교실에서 벌어진 일에 학부모의 도움이 필요할 때도 있습니다. 이럴 때는 학부모에게 사실을 객관적으로 정확하게 알리고 필요한 협조와 도움을 구하는 게 좋습니다. 학교폭력처럼 안전과 직접 관련이 있는 문제라든가 함께 어울리는 아이들끼리 문제가 복잡하게 꼬여 있다든가 심각한 게임 중독이나 주의력결핍에서 오는 문제 등은 교사 혼자 애쓰는 것보다 부모가 심각성을 인지하고 함께 지도하는 게 효과가 훨씬 강력하게 나타납니다. 껄끄럽고 불편하더라도 마음 단단히 먹고 부모에게 협조를 구하는 쪽이 결과적으로는 더 낫습니다.

최근 우리 학교에서 신규 선생님 한 분이 겪은 일입니다. 반 학생 하나가 여러 아이에게 놀림을 당했습니다. 그 와중에 친구가 던진 돌에 아이가 맞은 일까지 생겼습니다. 교사는 깜빡하고 아이가 돌에 맞은 사실을 학부모에게 알리지 않았습니다. 아이가 학교에서 돌에 맞아 집에 왔으니, 학부모는 화가 단단히 났겠지요. 저에게 선생님이 고민을 상담하러 왔을 땐 이미 학부모가 이 문제로 학교폭력위원회를 열어 관련 학생들의 학급 교체와 처벌 등을 요구한 뒤였습니다.

이 학부모가 교사에게 한 말 중에 인상 깊은 표현이 하나 있는데요. 바로 "학교가 이 일을 너무 가볍게 여긴다"였습니다. 교사가 아이의 어려움을 적극적으로 해결하려 노력하지 않으면 학부모 역시 학교와 교사를 신뢰하지 않는다는 걸 짐작할 수 있는 부분이지요. 이 선생님은 제가 조언한 대로 학부모와 다시 상담을 했고, 학폭위를 열지 않고 문제를 잘 마무리했습니다.

이런 경우가 아니고는 교실에서 벌어지는 일은 언제나 교실에서 먼저 해결하려 노력하는 게 좋겠지요. 특히 말로 해결해야지 폭력을 써서는 안 된다는 점도 분명하게 지도해주어야 합니다. 자주 싸우는 아이는 생각 없이 주먹이 먼저 나가는 경우가 많습니다. 스스로 자신의 행동을 통제하고 조절하려 노력하는 것을 배우는 것이야말로 학교에서 아이가 익혀야 하는 최고의 자기조절능력입니다.

2학년을 담임했을 때 반에 싸움 대장이 있었습니다. 누가 기분을 언짢게 하면 곧바로 주먹부터 나가는 아이였습니다. 별명이 '왕주먹'일 정도로 주먹이 크고, 덩치도 다른 아이보다 훨씬 컸습니다. 3월 새 학기 첫날 입학식에 온 1학년 아이가 복도에서 인사를 안 했다고 때려서 코피를 낼 정도였습니다.

"말로 해야지, 폭력은 안 돼."

이렇게 말하자, 아이가 깜짝 놀랄 말을 하더군요.

"왜 귀찮게 말로 싸워요? 때리면 되는데…"

아이의 엄마를 상담할 때도 한 번 더 놀랐습니다.

"선생님, 우리 아이는 잘못이 없고 아이들이 귀찮게 하는 거예요. 우리 아이가 억울한 부분도 많은데 선생님들은 항상 우리 아이만 혼내시더라고요."

아이 엄마에게 분명하게 짚어드렸습니다.

"어머니, 피해자는 코피가 난 아이이지, 코피를 나게 한 아이가 아닙니다. 앞으로는 아이가 억울한 부분이 없도록 제가 학교에서 잘 챙기겠습니다. 대신 아이가 누군가를 때리면 지금과 같은 지도를 할 테니, 가정에서도 똑같은 마음으로 지도하셔야 합니다. 부탁드립니다."

이런 아이에게 "그러면 안 된다고 했지, 자꾸 그러면 엄마 오셔야 해"라는 식으로 겁을 주면 문제가 전혀 해결되지 않습니다. 엄마는 내가 어떤 행동을 해도 내 편이란 걸 아이가 더 잘 알기 때문입니다. 교실 밖의 권위에 기댈 게 아니라 아이가 올바른 행동을 선택할 수 있도록 반복해서 지도하는 게 좋습니다.

> **교사** : 세형아, 너 그러면 안 된다고 했지? 너 한 번만 더 그러면 선생님이 엄마 모셔 오라고 했어, 안 했어? 너 자꾸 이러면 진짜로 엄마 오셔야 해!

교사 : 세형아, 지난번에 선생님이 뭐라고 말했지? (눈을 맞추며 부드럽게 말하기)

세형 : 지아 때리지 말라고 했어요. (아이 입으로 한 번 더 확인하기)

교사 : 네가 친구를 때리면 어떤 일이 벌어지는지 말해 볼래? (다음 상황을 예측하는 질문하기)

세형 : 지아가 기분 나빠하고 선생님한테 혼나요. 친구들도 안 좋아하고요.

교사 : 세형아, 네가 친구를 때리면 다음에 또 같은 일이 일어날 거야. 선생님은 네가 선생님한테 와서 너를 기분 나쁘게 한 친구가 있다고 말해주길 바라. (기대하는 행동 말하기) 다음엔 한 번 더 생각하고 행동하는 거야. 선생님이랑 약속하자. (기대하는 행동 한 번 더 확인하기)

문제 상황이 생길 때마다 위와 같은 대화를 반복했습니다. 아이는 불과 두어 달 만에 친구를 때리던 행동을 싹 고쳤지요. 전년도 담임 선생님이 같은 아이가 맞냐고 깜짝 놀랄 정도로 달라졌습니다. 아무리 화가 나도 친구들을 때리거나 싸우는 일이 없어졌습니다. 저에게 이러쿵 저러쿵 하소연하는 일은 있을지 몰라도 말입니다. 선생님을 믿고 따르면 친구를 직접 때리는 것보다 결과가 낫다는 걸 깨달았기 때문에 가능했던 일이었습니다.

아이는 우리가 믿어주고 기다려주면 얼마든지 달라집니다. 때리고 욕하는 아이도, 불안해하고 불편해하는 아이도, 거짓말하고 말썽 피우는 아이도 달라집니다. 어떤 상황에서든 가장 중요한 것은 학생이 교사를 절대적으로 신뢰하고 따르는 것입니다. 교실에서 일은 교실에서 해결하는 것이 원칙입니다. 교사를 믿고 따르면 어떤 일이든 해결할 수 있다는 믿음을 강력하게 심어주세요.

인정받고 싶은
속마음을 알아주세요

'고자질하지 말라고 했지?' 대신

시도 때도 없이 와서 친구들 잘못을 이르는 아이가 있습니다. 처음엔 그러려니 하면서 이야기를 들어주었는데, 지금은 친구들 잘못을 하나부터 열까지 꼬투리 잡아서 이르기 일쑤입니다. 이런 아이는 어떻게 말해주어야 할까요?

교실에 친구들 잘못을 미주알고주알 고자질하는 아이가 꼭 있지요. 아이의 말을 듣고 보면 교사가 잘 모르는 것까지 와서 알려주니, 처음엔 정의로운 것 같고 도움이 되는 것도 같지만, 반복될수록 다른 아이들은 싫어한다는 것을 금방 눈치채실 겁니다.

먼저 고자질이란 말부터 알아볼까요. 국립국어원의 설명에 따르면 고자질은 '남의 잘못을 일러바치는 사람'이란 뜻의 '고자(告者)'에 안 좋은 행동을 일컫는 접미사인 '-질'이 붙어서 된 말입니다. 접미사 '-질'은 대부분 '도둑질' '발길질' '손가락질'처럼 좋지 않은 말에 붙습니다. 남의 잘못을 일러바치는 것도 안 좋지만, 거기에 '-질'이란 접미사까지 붙었으니, 말뜻만 봐도 고자질은 부정적이고 잘못된 행동을 품고 있는 것이지요.

그렇다면 고자질하는 아이의 속마음을 들여다보아야겠지요. 고자질하는 아이의 이야기를 들어보면 눈에 띄는 게 하나 있습니다. 아이는 은근히 자신과 그 아이는 다르다는 것을 강조하면서 말합니다. 즉, 고자질하는 아이의 속마음에는 '선생님, 저는 저 아이처럼 나쁜 행동을 하지 않아요. 저는 저런 아이하고는 달라요'처럼 자신을 인정해달라는 욕구가 숨어 있습니다.

저학년 교실에서 고자질하는 아이가 흔한 것도 이런 까닭입니다. 이 시기 아이들은 자기표현 욕구가 강하고, 착한 것을 동경합니다. 착한 사람은 상을 받고, 나쁜 사람은 벌을 받는다는 식의 권선징악을 강조하는 전래 동화가 이 시기 아이들에게 인기를 끄는 것도 그래서입니다. 특히 이 시기 아이들에게는 교사나 부모의 영향이 절대적이기 때문에 교사나 부모에게 칭찬받는 아이는 착한 아이이고, 그렇지 않은 아이는 나쁜 아이라는 나름의 선악의 기준이 있습니다.

저학년 아이들의 고자질은 바꿔 말하면 '선생님이 하지 말라고 한 행동을 하는 아이는 나쁜 아이야'라는 기준이 있고, 이 기준에 따라 '선생님, 저는 저런 아이하고는 다른 착한 아이입니다. 맞지요?'라고 말하는 것입니다.

그런가 하면 고학년이지만 인정의 욕구가 유난히 강한 아이들이 있습니다. 깊이 이야기 나눠보면 가정에서 평소에 제대로 존중받지 못했거나 아이의 욕구를 인정해주지 않았다는 공통점이 있습니다. 학교에서나마 인정받고 싶은 욕구를 푸는 셈이지요. 그런 면에서 이 아이들은 교사가 더 많이 관심 갖고 존중하고 있음을 보여줄 필요가 있습니다.

> 지은 : 선생님, 지수가 새치기했어요.
> 교사 : 지은아, 선생님이 친구들 잘못한 거 자꾸 고자질하지 말라고 했지? 그렇게 고자질하고 그러면 친구들이 싫어한다니까!

교사가 이렇게 이야기하면 아이는 교사에게 거부당했다고 느낍니다. 선생님이 내 이야기를 싫어하는구나, 생각하게 되지요. 비슷한 일이 반복되면 나중에는 교사와 이야기 나누는 것 자체를 꺼리게 됩니다. 교사와 대화가 어려워지면 지도도 어려워지죠.

이와 반대로 교사가 아이의 마음을 있는 그대로 존중해주고 받아주면 시시콜콜 굳이 따지거나 이르는 행위가 줄어듭니다. 교사에게 충분히 존중받고 있다는 것을 마음으로 느끼면 '굳이 그 아이와 나를 비교하지 않아도 괜찮다' '나는 지금 이대로도 존중받고 있다'라고 아이가 먼저 깨닫게 되기 때문입니다.

> 지은 : 선생님, 지수가 줄에서 삐져나왔어요.
>
> 교사 : 지은아, 선생님이 친구들 잘못한 거 자꾸 고자질 하지 말라고 했지? 그렇게 고자질하면 친구들이 싫어한다니까! (감정적으로 판단한다.)

> 지은 : 선생님, 지수가 새치기하려고 해요. ('저는 안 했어 요'라는 뜻으로 말하고 있다.)
>
> 교사 : 지은아, 지수가 줄에서 삐져나왔니? (사실 확인하기)
>
> 지은 : 네. 지수 때문에 줄이 엉망이 됐어요.
>
> 교사 : 그래. 지수랑 선생님이 이야기 나눠볼게. 지은아, 선생님한테 알려줘서 고마워. (아이의 마음 존중하기)
>
> ⋮
>
> 교사 : 지은아, 지수가 앞으로는 줄 잘 지키기로 선생님

고자질하는 아이는 눈에 쌍심지를 켠 것처럼 다른 아이의 잘못을 보고 있습니다. 이 아이 말대로라면 모든 아이가 줄도 반듯하게 서야 하고, 수업 시간엔 딴짓을 해서도 안 되고, 복도에선 늘 조용히 걸어야겠지요. 그런데 과연 아이들이 그렇던가요. 아닙니다. 말 안 듣고 까불고 노는 아이가 훨씬 많지요.

아이의 고자질을 무작정 따라가다 보면 교사가 모든 아이의 잘못을 끄집어내서 야단해야 합니다. 고자질하는 아이는 이런 모습을 지켜보면서 마치 엄격한 심판관이라도 된 것처럼 고자질을 더욱 즐깁니다. 그보다는 인정받고 싶어 하는 아이 마음을 존중해주되, 교사의 지도 영역까지 간섭하려 하는 경우 분명하게 선을 그어주는 게 좋습니다.

너희들은 선생님의 지도를 따르면 돼. 어때, 괜찮지? (부드럽게 선 긋기) 지은이도 친구들이 전보다 나아진 모습을 보게 되면 선생님한테 와서 바로 말해줘. 알겠지? (기대하는 행동 말하기)

고자질하는 아이의 마지막 지도 단계는 고자질의 방향을 긍정적인 쪽으로 틀어주는 것입니다. 이렇게 말해주면 아이는 교사에게 특별히 인정받고 싶은 욕구를 채울 수 있고, 교사는 평소에 놓치고 지나친 칭찬거리들을 적극적으로 찾아내서 칭찬해줄 수 있습니다.

저는 여기에서 한 걸음 더 나아가, 고자질하는 걸 좋아하는 아이에게 '칭찬합시다' 코너를 맡겨서 운영하게 했는데요. 아이가 적극적으로 고자질할수록 교실에 칭찬거리가 많아지는 긍정적인 선순환이 생겨나곤 했습니다.

이렇게 지도하면 아이는 감정적으로 존중받기 때문에 불쾌하거나 무시 받았다는 느낌이 들지 않으면서도 고자질 대신 어떤 것을 말해야 할지 알게 됩니다. 어떤 행동을 기대하는지 교사가 분명하게 짚어줬기 때문에 친구들의 더 나아진 모습, 잘하는 모습을 찾아내서 이야기하게 됩니다. 그야말로 선한 고자질을 하게 되는 것이죠.

다 들어주는 것이
좋은 교사라는 착각

'넌 왜 이렇게 말이 많니?' 대신

평소에 말이 많은 아이가 있습니다. 수업 시간에도 쓸데 없는 말을 너무 많이 하고, 쉬는 시간, 점심시간 할 것 없이 저를 따라다니면서 이야기합니다. 아이 말을 들어주려다가도 저도 모르게 "넌 왜 이렇게 말이 많니?" 하고 타박하게 됩니다.

우리 학교에는 교무실을 타임아웃 공간으로 활용하는 선생님이 있습니다. 가끔 교무실에서 웬 학생이 눈을 감고 있어서 물으면 어김없습니다. 담임선생님이 교무실에서 눈 감고 명상하다가 오라고 했다는 대답이 돌아옵니다. 교사에게 "아이를 왜 교무실로 보내셨어요?" 하고 물으니 "아이가 너무 말이 많아서요"라고 하더군요.

아이가 말이 많은 게 문제가 되기도 할까, 생각하는 분들이 계실지 모르지만 실제로 문제가 되는 경우도 종종 있습니다. 저학년이나 중학년에선 "이제 그만"이라고 말해주고 싶을 정도로 말이 많은 아이들이 있습니다. 이 아이도 3학년 학생입니다. 이때는 아이들의 발달 단계 특성 상 자기표현 욕구가 강한 시기이기도 하고, 교사에게 애정을 원하는 경우에도 그런 일이 많습니다.

반면 고학년 선생님이 아이가 말이 많아서 고민이란 경우는 들어본 적이 없습니다. 고학년 교실에선 교사가 먼저 물어도 대충 얼버무리거나 대답을 잘 안 하는 아이가 많습니다. 교사와 학생 사이에 래포가 형성돼 있지 않은 때는 더 그렇고요. 교사를 빼고 자기들끼리만 은밀한 비밀처럼 공유하는 이야기도 많지요. 전에 6학년을 담임했을 때 학생들 대부분이 야동을 몰래 돌려본 사실을 알고, 기절초풍할 정도로 놀랐던 적이 있습니다. 제가 사실을 알게 됐을 때는 이미 몇 달이 지난 뒤였습니다.

교사와 학생 사이는 많지도 적지도 않은 대화를 하는 게 좋습니다. 교사와 학생 사이를 부드럽게 만들어주는 게 말이고 이야기지만, 그것도 가려서 할 때지 지나쳐서 좋을 건 없습니다. 때와 장소를 가리지 않고 말을 한다거나 교사의 쉬는 시간을 뺏을 정도로 집요하게 말을 하는 지나친 경우에는 몇 가지를 분명하게 지도해주세요.

수업 주제와 관련 있는 말을 하는 것은 아이들이 수업 시간에 배워야 할 부분 중 하나입니다. 학교는 아이를 돌보는 보육에 초점이 있는 게 아니라 지식을 가르치는 교육에 초점이 있습니다. 어떻게 하면 잘 가르칠 것인가는 어떤 수업에서도 놓쳐서는 안 됩니다. 수업 시간에 불필요한 말은 교사도 학생도 안 해야 합니다. 가볍게 던진 농담 한마디가 꼬리에 꼬리를 물고 수업 분위기를 엉망으로 만드는 일도 종종 있습니다. 수업과 관련이 없는 쓸데없는 말은 아무리 어린 학생이어도 가급적 안 하는 게 좋습니다.

전에 국립부설초등학교에서 근무할 때 공립학교 교사들을 대상으로 공개수업을 했습니다. 수업 주제가 기르고 싶은 동물 알아보기였는데 "바퀴벌레는 식물이에요, 동물이에요?" 하고 한 아이가 질문하더군요. "지렁이는 동물이에요, 식물이에요?" 처럼 비슷한 질문들이 꼬리에 꼬리를 물더니, 결국 마쳐야 할 시간을 훌쩍 넘겨 67분이나 수업하고 말았습니다. 교사와 학부모 100여 명이 모인 자리에서 한 공개수업이었는데 말입니다. 그때만 해도 좋은 수업은 아이들이 하는 말은 모두 들어줘야 한다는 식으로 막연하게 생각했기 때문에 벌어졌던 일입니다.

질 높은 좋은 수업은 어떤 상황에서도 흐름이 깨지지 않고 집중력이 끝까지 유지됩니다. 아이들은 배우면서 성장하고, 교사는 가르치면서 발전합니다. 좋은 수업은 아무 말 잔치에서 대충 운 좋게 만들어지는 게 아니라 꼭 필요한 배움과 활동 안에서 교사와 학생의 성장과 배움을 이끌어내는 것이지요.

그때 저는 그런 이치를 잘 몰랐습니다. 만약 그 수업을 다시 해서 똑같은 질문을 마주한다면 이렇게 말할 겁니다. "그건 지난 시간에 배운 거잖아. 그래도 궁금하다면 공책에 써오렴. 선생님이랑 쉬는 시간에 공책 보면서 이야기하자"라고요.

수업 시간은 아이 혼자 공부하는 것이 아니기 때문에 수업과 관련 없는 이야기는 하지 않는 게 좋습니다. 자주 쓸데없는 이야기를 하는 아이는 해도 되는 행동과 아닌 행동을 명확하게 선을 그어주는 게 좋습니다. 이때 아이가 교사에게 무시당했다는 기분이 들지 않도록 부드럽게 말해주는 게 좋겠지요.

소리 : 선생님, 그런데 주민센터는 우리 집 옆에 있는데요. 제가 주민센터 가봤거든요. (불필요한 말로 수업의 흐름을 끊는다.)

교사 : 소리야, 주민센터 가봤어? (공감하기)

소리 : 네. 우리 동네 주민센터는 엄청 커요.

교사 : 소리야. 주민센터 이야기는 거기까지만 하자. 괜찮지? (부드럽게 선 긋기) 더 하고 싶은 말은 이따가 이

다음은 쉬는 시간이나 점심시간에 말을 많이 하는 경우입니다. 아이 말을 귀 기울여서 들어보면 교사나 친구들이 들을 준비가 되어 있지 않아도 그저 본인이 하고 싶은 말만 하고 있다는 것을 알 수 있습니다. 이때는 하고 싶은 말이 무엇인지 먼저 생각부터 해보게 하세요. 충분히 생각한 다음 천천히 말하도록 지도해주면 좋습니다.

이때 교사가 '짧게 말해'처럼 이야기하면 아이는 무엇이 짧은지 기준을 잘 모릅니다. 말을 가르칠 때는 추상적인 지시가 아니라 구체적인 지시를 해주어야 합니다. '하고 싶은 이야기를 세 문장으로 짧게 줄여서 이야기해볼까'처럼 선을 분명하게 제시하는 쪽이 결과로 봤을 때는 훨씬 낫습니다. '세 문장으로 말하기'는 아이에게 놀이처럼 느껴지기 때문에 이렇게 지도하면 아이도 기분 나쁘지 않게 받아들입니다.

> **소리** : 선생님, 제가 어제 집에 갔는데요. 엄마가요…. (긴 이야기를 시작한다.)
>
> **교사** : 너는 어쩜 이렇게 말이 많니? 소리야, 짧게 말해. 어제도 점심시간에 선생님한테 한참 이야기했잖아. 이제 가서 네 일 하는 게 어때.

소리 : 선생님, 어제 제가요. 집에 갔는데요. 엄마가 밥 먹
고 놀아야 한다고 하면서 캐리를 보지 말라고 하
더라고요. 저는 캐리 좋아하는데요.

교사 : 아, 그래. 소리는 캐리 좋아하는구나. (공감하기)

소리 : 네. 저는 캐리가 좋은데, 특히 알렉스가 멋있어요.
엄마가 이번에 예술의전당에서 하는 캐리 공연에
데려간다고 했어요. 선생님은 캐리 공연 보신 적
있어요?

교사 : 아니, 없어. 소리야, 소리도 소리 이야기했으니까
선생님도 하나만 이야기할게. 괜찮지? (부드럽게 선
긋기) 지금은 점심시간이고 선생님도 쉬고 있잖아.
이럴 때는 소리가 하는 말을 다 들어줄 수 없거든.
(안 되는 이유 설명하기) 소리가 진짜 하고 싶은 이야기
가 무엇인지 세 문장으로 줄여서 말해볼래? (기대하
는 행동 말하기)

간혹 딱히 할 말이 있어서가 아니라 교사와 같이 있어서 아무
말이나 길게 늘어놓는 아이도 있습니다. 이런 경우 굳이 떠들거
나 장난스러운 이야기를 하지 않아도 선생님 옆에 있을 수 있다

고 말해주세요. 조용히 색종이를 접거나 색칠하기 같은 정적인 활동을 하면서도 교사 옆에 편안하게 있을 수 있다는 것을 알면 아이도 잠잠해집니다.

교사 : 소리야, 선생님 옆에 있고 싶어? (아이의 마음 헤아려주기) 그럼 소리는 조용히 색종이 접으면서 선생님 옆에 있으면 어떨까? 선생님도 소리도 함께 쉬자.
(기대하는 행동 말하기)

선생님, 저도 모르게
자꾸 말이 나와요

2학년을 담임할 때 일입니다. 반에 엄청난 수다쟁이가 있었습니다. 수업 시간에 제가 한마디 하면 아이는 열 마디는 해야 했습니다. 떠들고 싶어서 밤에 잠을 어떻게 자나, 궁금할 정도로 말이 많은 아이였습니다. 아이는 짝꿍에게도 말하고, 모둠 친구들에게도 말하고, 틈나는 대로 저에게도 떠들어댔습니다. 점심에는 식사하면서도 수다를 떨어대니 아이들이 고개를 절레절레할 정도였죠. 실제로 학생들에게 교우관계를 조사했더니, 거의 모든 아이가 이 아이를 싫어하고 있었습니다.

하루는 아이와 방과 후에 이야기를 나누게 되었습니다. 아이 입가에 침이 하얗게 말라붙어 있더군요. 오늘도 신나게 떠들어댔구나, 싶었습니다. '이런 아이는 집에서도 말이 많겠지?' 궁금했는데 아니나 다를까, 아이가 이런 말을 하더군요.

"선생님, 우리 엄마는 제가 말이 너무 많대요."

"엄마도 말이 많다고 뭐라고 하시니?"

이때 아이의 엄마에게서 동질감이 느껴졌던 것은 또 뭘까요.

"네. 제가 말하면 시끄럽다고 입 좀 다물라고 해요."

"엄마도 그렇게 말씀하시는구나. 넌 그런 말을 들으면 기분이 어때? 말을 줄여야겠다는 생각이 들어?"

"네. 그런데 저도 모르게 말이 자꾸 나와요."

"친구들도 말 많이 하면 싫어하잖아."

친구들만 싫어했을까요. 사실은 저도 아이가 수업 시간에 떠드는 게 싫었습니다.

"네. 아이들도 맨날 뭐라고 해요. 말 많다고…"

"너는 어떻게 하고 싶니?"

"꼭 필요할 때만 말을 하고 싶어요. 근데 저도 모르게 아무 때나 말을 하고 있어요."

그렇게 신나게 떠들어도 제대로 들어주는 친한 친구도 하나 없는 아이였습니다. 쓸쓸한 아이 표정을 보니, 어떻게든 도와주고 싶었습니다. 잠시 고민하다가 방법을 하나 생각해냈습니다.

"그럼 선생님이 네가 말을 시작하면 얼른 신호를 보낼게. '수

진아, 반짝반짝!' 하고 말해줄게. 그럼 손을 반짝반짝 흔들면서 말을 멈추는 거지. 어때?"

아이는 좋다고 대답했습니다. 아이와 이야기를 나눈 다음 가정에서도 똑같이 지도해달라고 말씀드렸습니다.

이 지도가 강압적으로 느껴지지 않도록 특별히 신경을 썼습니다. 얼굴에 최대한 부드러운 표정을 지으면서 사납지 않게 말해주려고 애를 썼지요. 처음에는 떠들면서 이야기하던 게 조금씩 줄어서 나중에는 굳이 말하지 않아도 "아, 쉿! 지금은 수업 시간이야"라고 아이 스스로 이야기하는 정도까지 갔습니다. 친구들이 바라보는 시선도 점점 부드러워졌고요. 나중에는 이런 부분이 모두 개선돼서 상급 학년으로 올라갔습니다.

산만하게 떠드는 것이 몸에 밴 경우는 무작정 혼을 내거나 야단하는 것만으로는 달라지지 않습니다. 해야 할 행동과 아닌 행동을 구분해주고, 그때그때 부드럽게 안내해주는 식으로 지도해야 아이 스스로 행동을 교정해나갈 수 있습니다.

2장

상황을
객관적으로 바라보는

공감의 기술

무례한 학생의
진짜 속마음

'너 지금 뭐라고 했어?' 대신

아이가 "선생님은 그것도 몰라요?"라고 말했습니다. 순간 기분이 상해서 아이에게 "너 지금 뭐라고 했어? 선생님한테 그게 할 소리야?"라고 야단했지만, 아이는 들은 척도 하지 않는 것 같았습니다. 제가 아직 경력이 짧다고 저를 무시하는 것 같아요. 아이가 하는 말이나 행동을 다른 아이들이 따라서 할까 봐 더 속상합니다.

전에 어느 선생님이 보내신 메일의 일부입니다. 선생님은 "저는 아이들의 감정 쓰레기통 같습니다. 아이들은 아무 때나 저에게 짜증을 부리고 화를 냅니다. 저는 어떻게 해야 할지 몰라서 너무 속상하고 힘들어요"라고도 하셨습니다. 이 선생님은 아이들에게 이미 상처를 많이 받은 상태였지요.

선생님의 메일을 읽으면서 오래전 저를 떠올렸습니다. 저는 교직 경력 4년 차 때 반 학생 하나가 일기장에 "우리 선생님은 혼자만 착한 척하는 나쁜 ○"이라고 써온 적이 있습니다. 아이가 쓴 6장 분량의 비난과 욕이 뒤섞인 일기를 읽는 동안 너무 화가 나서 머릿속이 다 새하얘지더군요. 지금은 차라리 그런 일을 겪었던 걸 다행이었다고 생각합니다. 그 일을 겪지 않았으면 이런 일을 어떻게 대처해야 할지 고민조차 안 했을 것이고, 아마도 이런 글을 쓰지도 않았겠지요.

교사는 교실에서 수많은 아이와 밀접하고 깊은 관계를 맺습니다. 수업은 교사와 학생이기 이전에 인간과 인간이 마주하는 시간입니다. 교사는 다른 직업과 다르게 감정적으로 에너지 소모를 많이 겪을 수밖에 없습니다. 감정적으로 학생과 부딪치게 되거나 학생이 무례하게 행동할 때 다른 누구보다 더 마음이 아프고 힘든 것이 당연합니다.

이런 상황에서 교사가 꼭 기억해야 할 것은 크게 3가지입니다.

첫째, 이런 일은 어느 교실에서나 일어날 수 있습니다. 실제로 경력 20년이 넘는 베테랑 선생님 교실에서도 비슷한 일이 일어나곤 합니다. 이건 교사가 못나거나 못 가르쳐서 또는 자격이 없어서가 아닙니다. 성인과 아이는 다른 식으로 대화하기 때문입니다.

성인은 이렇게 말하면 상대가 어떻게 반응하겠구나, 짐작하면서 스스로 절제합니다. 하고 싶은 말도 꾹 참고, 때론 하기 싫은 말도 억지로 상황에 맞춰서 합니다. 아이는 다릅니다. 나이가 어릴수록 자신의 말이 어떤 결과를 가져올지 짐작하지 못하고, 즉흥적으로 내뱉는 경우가 많습니다. 어린 학생을 가르치는 교사라면 무례한 학생을 언제든 경험할 수 있는 것이지요.

둘째, 이런 학생을 대할 때 화를 내거나 야단만 해서는 전혀 효과가 없습니다. 참으로 희한한 것은 말썽부리는 학생일수록 야단하고 화내는 걸로는 잘 변하지 않는다는 것입니다. 꼭 이솝우화에 나오는 〈해와 바람의 내기〉처럼요.

야단하고 화낼 땐 엇나가기만 하던 아이여도 교사가 부드럽게 대하고 그 마음을 들여다보려 애쓰면 교사가 원하는 방향으로 서서히 달라집니다. 아이의 마음에 공감하고 마음을 들여다보려 애쓰는 쪽이 무작정 혼내는 것보다 효과가 좋지요. 저는 이런 학생들을 숱하게 경험하면서 속 썩이는 아이는 더 사랑해달라고 투정을 부리는구나, 생각하게 되었습니다.

셋째, 자책에서 빨리 벗어나는 게 좋습니다. 저도 앞에서 이야기한 일기장 사건을 겪었을 때 깊이 좌절하고 오랜 시간 자책했습니다. 무능력하고 못난 교사인 것 같아서 정말 힘들었습니다. 그런데 교사가 좌절하고 마음 아프다고 해서 교실은 조금도 달라지지 않았습니다. 그냥 교사만 마음 아플 뿐, 아이들은 그대로였습니다. 마음 아픈 건 이제 그만해도 됩니다. 지나간 일 말고 앞으로 벌어질 일에 초점을 두어보세요. 지나간 일에 매몰되면 앞으로 나아갈 수 없답니다.

> 지민 : 선생님은 그런 것도 몰라요?
>
> 교사 : 뭐? 너 지금 뭐라고 했어? 너 그렇게 말끝마다 선생님 무시하는 말 할래?

> 교사 : 지민아, 그렇게 말하면 선생님이 기분이 언짢아. (감정 설명하기) 지민이가 하고 싶은 말이 뭐니? (아이의 마음 확인하기)
>
> 지민 : 선생님이 ○○○해주면 좋겠어요.
>
> 교사 : 그렇게 말해주니까 선생님이 네 마음을 이해할 수 있을 것 같아. 다음엔 그렇게 말해줄래? (기대하는 행동 말하기)

심리학에 피그말리온 효과라는 말이 있습니다. 우리가 바라보고 믿는 대로 아이는 달라집니다. 못된 아이로 보면 못된 아이가 되고, 착한 아이로 보면 착한 아이가 됩니다. 아이는 언제나 우리가 기대하고 바라는 그대로 말하고 행동하고 성장합니다. 학생이 예의 바르게 행동하고 말하기를 기대한다면 교사가 먼저 예의 바른 아이로 봐주어야 합니다.

아이는 어른처럼 기분이 미묘하게 나빠지거나 언짢아지는 지점을 잘 모릅니다. 자주 무례하게 행동하거나 말하는 아이에게는 그 말과 행동이 어떤 기분이 들게 했고, 왜 그런 기분을 느꼈는지를 교사가 부드럽게 설명해주는 것이 좋습니다. 그래야 아이가 스스로 자신의 말을 돌아보고 고칠 수 있을 뿐 아니라 결과를 예측하는 대화를 배우게 됩니다.

이런 설명을 껄끄럽게 여기고 대충 넘어가면 아이는 상대를 기분 나쁘게 만드는 말하기를 수정할 기회를 놓치게 됩니다. 그러니, 이 기회를 놓치지 마세요. 교사가 왜 지금 기분이 상했는지, 어떤 점이 교사의 마음을 건드렸는지를 부드럽게 말해주면서 다음에 어떻게 말하는 게 좋은지를 생각해보게 하세요.

거친 말로 감정 표현을 뭉뚱그리는 아이들

'짜증 난다고 하지 말랬지?' 대신

툭 하면 짜증 난다고 말하는 아이가 있습니다. 친구들과 선생님이 듣는 걸 뻔히 알면서도 일부러 짜증 난다고 말하는 것 같아서 무척 신경 쓰입니다.

최근 2학년 보결 수업을 들어갔습니다. 처음 보는 제 앞에서 "아, 짜증 나"라고 말하는 아이가 있었습니다. 아이를 불러서 왜 짜증 난다고 말했는지 물어보았습니다. 아이가 쑥스러워하면서 그건 잘 모르겠다고 말했습니다. 대신 옆에서 다른 아이들이 이 아이가 평소에도 짜증 난다는 말을 자주 한다고 쫑알거리더군요. 왜 그런 말을 했는지 자신도 잘 모르지만, 짜증 난다는 말을 입에 달고 사는 아이, 왜 그럴까요?

어른과 아이는 감정을 표현하는 방법도 다르고 다른 사람의 감정을 이해하는 폭도 다릅니다. 예를 들어 어른은 '눈물을 흘렸더니 후련해졌다' '웃기면서도 슬프고 애틋하다' 같은 표현을 이해합니다. 얼핏 보기에는 앞뒤가 맞지 않는 것처럼 보이지만, 어른은 살아온 경험에 비추어 인간의 감정이 변화무쌍하다는 걸 잘 압니다. 좋으면서도 싫고, 웃기면서도 쓸쓸한 식으로 감정이 한마디로 설명이 어렵고, 시시때때로 변화한다는 것을 알지요.

아이들은 그렇지 않습니다. 아이들에게 눈물을 흘리는 것은 슬프거나 아플 때, 그도 아니면 억울할 때 일입니다. 눈물을 흘리고 나니 기분이 좋아진다는 것이 아이들 머리로는 잘 이해되지 않습니다. 아이들은 단순하게 기분이 좋다, 또는 나쁘다 정도로 양분해서 생각하는 경우가 훨씬 많습니다.

사춘기 이전 아이가 느끼는 감정이 이렇게나 단순한 만큼 아이들로서는 자신이 다른 사람의 감정을 불편하게 했다는 사실을 이해하는 게 쉽지 않습니다. 왜 그랬냐고 물어보면 잘 모른다고 대답하기 일쑤입니다. 이건 아이가 지어낸 말이 아니라 정말로 몰라서 그렇게 대답하는 것입니다.

감정의 미묘한 변화나 복잡한 분화를 잘 이해하지 못하면 이러저러해서 이렇게 안 좋은 기분을 느낀다, 라고 표현하기 어렵습니다. 가장 자주 듣거나 말해본 걸로 뭉뚱그려 표현하지요.

'짜증 나' '재미없어'처럼요. 이럴 땐 감정과 사실을 구별해서 생각하도록 지도해주는 게 좋습니다.

지민 : 아, 손에 물감 묻었네. (큰소리로) 에이, 짜증 나.

교사 : 너 또 짜증 난다고 했니? 수업 시간에 짜증 난다는 말을 그렇게 입에 달고 살 거야? 선생님이 다른 친구들 듣는 말이니까 조심하라고 했지?

교사 : 지민아. 일단 손부터 씻자.

지민 : (손을 씻고 돌아온다.)

교사 : 지민아, 지금 무슨 일이 생겼지? 그래서 어떤 기분이 들었는지 천천히 말해볼까?

지민 : 손에 물감이 묻었어요. 그래서 기분이 나빠졌어요. (원인과 결과, 사실과 기분 나눠보기)

교사 : 왜 기분이 나빠졌을까?

지민 : 물감이 갑자기 손에 묻었어요. (갑작스러운 일에 당황한 것을 짜증 난다고 표현했다는 걸 알 수 있다.)

교사 : 아, 물감이 갑자기 묻어서 당황했구나. (공감하기) 선생님도 손에 물감이 묻으면 당황할 거 같아. (감정 표현 알려주기) 그러니까 지민이는 짜증이 난 게 아니

라, 당황했던 거네. 그렇지? 그럼 짜증 난다는 말
대신 어떤 말을 써보면 좋을까?

당황한 것과 짜증 난 것은 사전적인 의미도 다르지만, 사용하는 때도 다릅니다. 이 차이를 아직 구별하지 못하기 때문에 아이는 습관처럼 짜증 난다고 말했습니다. 이 차이를 가르쳐주지 않으면 아이는 학교에서 벌어지는 갑작스러운 일은 모두 '짜증 나' 한마디로 뭉뚱그려 이해하게 됩니다.

아이들이 흔히 쓰는 '헐' 같은 말도 마찬가지죠. 깜짝 놀랐다, 당황스럽다, 같은 표현 대신 '헐' 한마디로 대신해버립니다. 이런 경우도 하나씩 짚어주면 좋겠지요.

수아 : 선생님, 저 교과서 안 가져왔어요.
지민 : 헐! 오늘까지 갖고 오라고 했는데….
교사 : 수업 시간에 그런 말 쓰지 말라고 했지?

교사 : 지민아, 수아가 교과서 안 가져와서 깜짝 놀랐니?
지민 : 네.
교사 : 그럼 '헐' 말고 다른 말로 표현해볼래?
지민 : 수아가 교과서 안 가져와서 깜짝 놀랐어요.

세민 : 선생님,《수학 익힘》책 다 했어요.

지민 : 대박! 벌써 다 했어?

교사 : 수업 시간에 '대박'이 뭐야, 선생님이 그런 말 쓰지
말라고 했지?

교사 : 지민아, 세민이가 네가 생각했던 것보다 빨리 끝
냈니? 그럼, '대박'이라는 말 말고 다른 말로 표현
해볼래?

지민 : 와, 벌써 다 끝냈구나.

저는 교실에서 헐, 대박 같은 표현은 못 쓰게 했습니다. 학생
이 습관적으로 이런 말을 할 때마다 다른 말로 제대로 표현해보
라고 지도하곤 했습니다. 이런 건 감정 표현이라기보다는 아,
와 같은 외마디 소리를 하는 것에 불과하니까요.

이런 경우는 현재 아이가 느끼는 감정이 무엇인지 함께 찾아
보고, 그 감정을 표현하는 방법을 가르쳐주면서 다양한 감정이
있다는 것을 알려주는 것이 좋습니다. 몇 번이고 반복해서 일관
되게 지도해주면 좋습니다.

감정 사전 만들기

아이들은 감정을 어떤 상황에서 어떻게 써야 하는지 잘 모르는 경우가 많습니다. 감정에 어울리는 적절한 표현을 아이들과 이야기 나눠보고, 사전으로 만들어보게 하세요. 함께 이야기 나누고 말해보면서 감정적인 표현도 늡니다.

당황스럽다

• 어떤 상황에서 쓰는 표현일까요?

_____

_____

• '당황스럽다'를 넣어서 짧은 글을 지어볼까요?

_____

_____

아이의 마음에
억울함이 쌓이지 않게

'왜 싸웠니?' 대신

친구와 자주 다투고 싸우는 아이가 있습니다. 아이에게 왜 싸웠냐고 물어보면 항상 뭔가 핑계를 대거나 변명을 늘어놓습니다. 대부분 친구가 괴롭혔다거나 귀찮게 했다면서 자신에게 유리한 말만 합니다. 이럴 때는 어떻게 말해야 할까요?

교실에서 싸움이 없으면 참 좋겠지요. 하지만 좁은 교실에 아이들 여럿이 모여 있다 보면 싸우고 다투는 일이 더러 생깁니다. 게다가 주변에 누가 있든 한두 번은 꼭 싸울 만큼 싸움이 잦은 아이도 있습니다. 말로만 다투는 게 아니라 아이들 사이에 혹여 주먹다짐이라도 하게 되면 담임 교사의 입장이 여간 난처해지는 게 아니지요. 이럴 때 어떻게 해야 현명하게 지도할 수 있을까요?

아이들 가운데에는 말보다 주먹이 먼저 나가는 아이가 있습니다. 이런 아이는 말보다 몸이 더 빠르게 반응하는 게 몸에 뱄기 때문에 왜 싸웠는지 물어보면 자신도 모르게 그렇게 됐다고 변명하곤 합니다. 실제로도 교실에서 숱하게 벌어지는 기분 나쁜 상황, 불쾌해지는 상황, 언짢은 상황 등을 잘 참지 못합니다. 심지어 수업 시간에 주변 아이들과 다투는 일도 많지요.

반면에 평소엔 얌전하고 차분한데, 가끔 욱해서 싸우는 아이도 있습니다. 아이 딴에는 참을 만큼 참다가 화를 내는 만큼 이런 아이가 한 번 화를 내면 몹시 무섭게 돌변합니다.

전에 5학년을 담임했는데, 별명이 '선비'였던 남자아이가 있었습니다. 수업 시간에 질문이라도 하면 몹시 수줍어하면서 볼까지 새빨개지곤 했지요. 아이들이 짓궂게 장난치는 것도 제법 잘 받아주길래 저도 다른 아이들처럼 그저 착한 아이로만 생각했습니다. 그러던 어느 날 이 선비 같은 아이가 평소 짓궂게 장난치던 아이를 심하게 때렸습니다. 자칫 큰 사고로 이어질 뻔한 아찔한 일이었습니다.

싸움 대장과 선비 같은 아이는 지도하는 방법을 조금 다르게 접근하는 게 좋습니다. 자주 화내고 공격적인 태도로 일관하는 싸움 대장은 사실 다른 아이들이 잘 안 건드립니다. 싸움 대장을 귀찮게 했다가는 자신에게 피해가 이만저만하게 돌아오는 게 아니란 걸 아이들도 잘 아니까요. 이런 아이는 싸우지 않고 참았을 때나 주먹 대신 말로 화를 표현했을 때 등을 격려해줘야 주먹다짐이 줄어듭니다. 학기 중반이 넘어가면 개과천선이라는 말이 떠오를 정도로 싸움이 줄어드는 사례도 많습니다.

교사 : 너희들 왜 싸웠어?

수형 : 지수가 먼저 등을 세게 때렸어요.

교사 : 수형아, 선생님이 친구들하고 싸우지 말라고 했지? (싸움의 원인을 말하지 않고 있다.)

교사 : 수형아, 누구랑 싸웠어?

수형 : 지수요.

교사 : 지수야, 수형이랑 싸웠니? (양쪽 의견 확인하기)

수형 : 지수가 먼저 제 등 때렸어요.

지수 : 수형이가 제 그림 이상하다고 놀렸어요.

교사 : 수형아, 지수 말 들으니까 기분이 어때?

수형 : 기분이 안 좋아요.

교사 : 지수야, 수형이랑 싸우니까 기분이 어땠어?

수형 : 안 좋아요.

교사 : 수형이가 맞은 자리가 아프다고 했을 때 지수는 기분이 좋았어?

지수 : 아니요. 수형이가 아파하니까 미안했어요.

교사 : 수형이는 지수 이야기 들으니까 기분이 어때?

수형 : 저도 미안해요.

교사 : 수형아, 지수야, 그럼 어떻게 말하면 서로 기분이 풀릴까? 싸우거나 때리지 않고 말이야.

수형 : 미안하다고 말해요. 미안해, 지수야.

지수 : 미안해.

교사 : 싸우고 때리면 후련할 것 같지만, 남을 때리고 싸우면 마음에 화가 더 쌓여서 속상해. 우리 앞으로는 어떻게 할지 말해보자. (기대하는 행동 말하기)

이렇게 감정에 공감하게 하면 아이들도 상대의 마음을 자연스레 헤아릴 수 있게 됩니다. 결국엔 화나 있던 마음이 자연스럽게 누그러집니다. 다음에 비슷한 일이 있더라도 같은 식으로 서로의 기분을 이해하고 마음을 헤아려보도록 일관되게 지도해주면 나중엔 교사가 개입하지 않아도 아이들끼리도 충분히 서로 사과하고 화해하는 일련의 과정을 진행하게 됩니다.

소극적이고 조용한 아이들이 싸웠을 때는 특별히 더 아이의 마음을 살펴주는 게 좋습니다. 이 경우는 그동안 억눌러왔던 게 터진 것이기 때문에 더 억울해하고 화나 있기 때문입니다.

교사 : 너 평소엔 얌전하더니, 왜 싸웠어?

해수 : 얘가 먼저 제 그림 이상하다고 놀렸어요. 전에도 기분 나쁘게 했단 말이에요.

수형 : 그냥 장난으로 한 거예요.

교사 : 수형이가 장난으로 한 거니까 네가 이해해주고 넘어가.

해수 : (화 나 있는 상태가 풀어지지 않는다.)

교사 : 해수야, 어떤 부분이 속상했니?

해수 : 그림 이상하다고 놀릴 때 기분이 안 좋았어요.

교사 : 그림이 이상하다고 해서 기분이 안 좋았구나. (공감하기) 수형아, 수형이는 해수 그림이 이상하다고 생각하니? (사실을 바탕으로 묻기)

수형 : 아니요. 그건 아니에요.

교사 : 그럼 해수한테 그림 이상하다고 한 건 진심이 아니었던 거니?

수형 : 네.

교사 : 그럼 앞으로는 다르게 말해보자. 어떻게 말하면
좋을까? 좋은 쪽으로 이야기해줘야겠지? (기대하는
행동 말하기)

수형 : 해수야, 넌 색칠을 잘해.

교사 : 해수야, 수형이 등을 때린 건 너도 잘못했지? 사람
을 때려선 안 돼. 그건 어떤 경우에도 마찬가지야.
해수랑 수형이랑 이제 서로 사과할까? (기대하는 행
동 말하기)

이처럼 평소 괴롭힘을 당하던 아이를 먼저 다독여주는 게 좋
습니다. 그래야 평소에 당하고 살았다는 억울한 마음이 수그러
듭니다. 싸웠다는 행위만 보고 똑같이 야단하기보다는 이런 식
으로 상황에 맞게 지도해야 아이 마음에 억울함이나 분노가 쌓
이지 않습니다. 교사가 세심하게 아이 마음을 들여다보기 위해
자꾸 노력해야겠지요.

툭하면 우는 아이,
불안 요소를 살펴보세요

'울지 마' 대신

자주 우는 아이가 있습니다. 평소에 친구가 놀려도 울고, 억울해도 웁니다. 걸핏하면 울기 때문에 아이들이 징징 거린다고 놀리는데, 놀린다고 또 웁니다. 한두 번이 아니라서 저도 잔소리를 하게 되는데요. 울지 말라고 말하는 대신 어떻게 말해야 할까요?

교실에 자주 우는 아이가 있지요? 마음이 약해서 눈물이 많은 아이도 분명 있습니다. 이런 아이는 마음이 약하다 못해 말 랑거려서 어떤 말이든 그대로 흡수가 돼서 아프고 슬프고 괴로운 것입니다. 그런가 하면 눈물을 흘리는 게 버릇처럼 돼서 우는 아이도 있습니다. 누가 무슨 말을 하든 일단 울고 보는 것이죠. 상대가 우물쭈물하면서 어찌할 바를 몰라 하면 옳다구나 하면서 더 웁니다.

마음이 약해서 잘 우는 아이는 불안감이 높은 경우가 많습니다. 불안감이란 낯선 상황이나 낯선 사람을 불편해하고 두려워하는 감정이지요. 불안감이 높은 아이는 학교에서 적응하는 데에도 다른 아이들보다 오래 걸립니다. 학기 초에 유달리 배가 아프고, 머리도 아프고 힘들어합니다. 불안하게 만드는 요인이 신체적인 스트레스로 나타나기 때문에 그렇지요.

이런 아이들은 처음 부딪치는 낯선 상황을 가장 힘들어합니다. 어떻게 해야 할지 모르기 때문에 일단 울고 봅니다. 실수하거나 잘못 행동하는 등 뜻밖의 상황이 아이에게 벌어졌을 때 어떻게 된 건지 묻기만 해도 눈물이 주르륵 흐르는 아이는 이런 경우라고 보면 됩니다.

불안감이 높은 아이는 야단하면 더 역효과가 납니다. 마음을 닫고 안으로 숨어버리기 때문에 이런 아이는 최대한 부드럽고 따뜻하게 접근하는 게 좋습니다. "너 왜 자꾸 울어, 그렇게 우니까 친구들이 놀리잖아"처럼 야단하거나 무섭게 말하면 안 됩니다. 이렇게 다그치면 불안감 높은 아이는 상대를 믿지 못하고 겁을 먹습니다. 교육적 효과가 잘 안 나타나지요.

지혜 : 선생님, 하늘이 또 울어요. 하늘이는 뭐만 해도 울
어요.

교사 : 하늘아! 왜 울어?

하늘 : (대답이 없다.)

교사 : 선생님이 울지 말고 말로 하라고 했잖아. 응?

하늘 : (계속 운다.)

지혜 : 선생님, 하늘이 또 울어요. 하늘이는 뭐만 해도 울
어요.

교사 : 지혜야. 선생님이 하늘이랑 이야기할게. 어때, 괜
찮지? (부드럽게 선 긋기) 하늘아. 이리 와 볼래?

하늘 : (계속 운다.)

교사 : 하늘아. 많이 속상해? (공감하기)

하늘 : (고개를 끄덕인다.)

교사 : 그래. 선생님이 네 마음이 좀 가라앉을 때까지 기
다려줄게. 복도에 나가서 더 울고 와도 돼. (감정 허
용해주기)

하늘 : (복도에서 울다가 들어온다.)

교사 : 이제 선생님이랑 어떤 점이 속상했는지 얘기해볼
까? (기대하는 행동 말하기)

겁이 많고 불안감이 높아서 자주 우는 아이는 감정적으로 공감해주는 것이 중요합니다. 선생님이 믿을 만한 사람이고, 감정적으로 공감해주는 내 편이라고 믿게 해주어야 아이도 마음을 열고 이야기를 하기 때문입니다. 옆에서 우는 것을 놀리거나 장난치듯 비난하는 아이는 분명하게 한계를 그어주는 것이 좋은데요. 그렇지 않으면 자칫 친구들 사이에서 울보라고 놀림을 당하는 원인이 되기도 합니다. 안 그래도 적응하기 어려운 아이가 이런 이유로 더욱 적응이 힘들어지겠죠.

반면 우는 것이 습관인 아이도 있습니다. 스스로 문제를 해결하려는 의지가 없고, 울면 해결된다고 생각하기 때문입니다. 어릴 때부터 울 때마다 아이의 요구를 부모가 모두 들어준 경우나 울 때마다 친구들과 교사가 달래주는 것을 즐기는 경우도 그렇습니다.

이때도 명확하게 선을 그어서 지도하는 게 좋습니다. 우는 것으로는 문제가 조금도 해결이 되지 않는다는 것을 분명하게 알려주고, 교사가 우는 행동에 관심을 보이는 게 아니라 아이 자체에 관심을 갖는다는 걸 짚어주세요.

> **하늘** : (짝꿍인 지혜가 색종이를 가져갔다면서 울고 있다. 평소에도 별것 아닌 이유로 자주 운다.)
>
> **친구들** : 하늘아, 괜찮아? (하늘이를 달래준다.)

하늘 : (계속해서 우는 시늉을 한다.)

교사 : 하늘아, 왜 울어. 누가 서운하게 했어? 어떤 점이 그랬어? (아이를 계속해서 달랜다.)

교사 : 하늘아, 많이 속상해? (공감하기)

하늘 : (울면서 고개를 끄덕인다.)

교사 : 그럼 조금 있다가 이야기하자. 복도에 가서 울고 와도 돼. 다 울면 화장실에서 얼굴 닦고 오렴. (부드럽게 말하기)

⋮

교사 : 하늘아, 이제 어떻게 된 일인지 말해볼까? (기대하는 행동 말하기)

⋮

교사 : 하늘아, 네 마음 충분히 이해해. 네가 진짜 원하는 게 뭐야? (문제의 핵심 짚어주기)

하늘 : 지혜가 색종이 다시 주는 거요. (스스로 해결책 말해보게 하기)

교사 : 그럼 지혜한테 색종이 다시 달라고 하면 되겠구나. 그렇지? (아이의 말 정리해주기) 지혜한테 색종이 다시 달라고 부드럽게 말해보자. (문제 해결 방법 알려주기)

교사는 아이가 갑자기 울면 당황하기 쉽습니다. 우는 아이를 달래주는 것이 당연한 게 아닐까 생각하겠지만, 아이의 감정은 교사가 부드럽게 공감하고 인정해주는 걸로도 충분히 가라앉습니다. 다음은 문제를 어떻게 하면 평화롭게 해결할까 하는 데에 초점을 두는 것이 좋습니다. 굳이 교사까지 아이 우는 일에 호들갑을 떨 필요도 없고, 어떻게 할지 초조해할 필요도 없습니다.

평화롭고 행복한 교실을 만드는 첫걸음은 아이 스스로 문제를 해결하는 힘을 길러주는 것입니다. 울지 않고 말로 친구에게 원하는 것을 표현할 수 있도록 안내해주세요. 아이의 감정에 휘말리거나 동화되지 말고 최대한 객관적으로 교사의 평정심을 유지하면서 갈등의 해결에 초점을 두고 지도하면 됩니다.

아이는 아직 상대의 마음을 헤아리기 어려워요

'넌 왜 이렇게 이기적이니?' 대신

유난히 이기적이고 자기만 아는 아이가 있습니다. 친구들도 이 아이를 좋아하지 않아서 은근히 따돌려지고 혼자만 놀게 되는 경우도 많습니다. 사정이 이렇다 보니, 주변 아이들과 싸우는 일도 종종 있고요. 저도 결국 아이의 이기적인 면을 혼내게 되는 경우가 생기더라고요. 이럴 땐 어떻게 말해야 할까요?

인간이나 원숭이처럼 고등 동물의 뇌에는 거울 뉴런이라는 게 있다고 합니다. 유인원과 인간이 다른 점은 인간은 뇌 곳곳에 거울 뉴런이 분포돼 있기 때문에 다른 종들과 다르게 감정적으로 상대에게 공감할 수 있는 능력이 훨씬 뛰어나다고 합니다.

아이는 거울 뉴런 덕분에 다른 사람의 행동을 따라 하기도 하고, 상대의 감정을 이해하고 함께 느끼는 것이 무엇인지 배우기도 합니다. 누군가의 행동을 읽고 모방하고 그걸 헤아리는 것은 인간이 사회화되어가는 과정에서 필수적인 요소라고 할 수 있겠지요.

만약 거울 뉴런이 없다면 어떻게 될까요? 우리는 드라마를 보면서 울거나 악당에게 손가락질하지도 않을 겁니다. 상대의 감정에 공감하고 함께 슬펐다가 기뻤다가 울었다가 웃었다가 하는 것이 모두 인간이 관계를 맺고 사회생활을 해나가는 데 있어 꼭 필요한 부분이라는 것이 참으로 신비하지 않나요?

초등학교 교실에선 자신이 이기적으로 행동하는 줄도 모르는 아이가 많습니다. 공감 능력은 시간이 걸려서 발달하는 부분이기 때문에 그렇습니다. 부모가 평소에 공감하고 감정 이입하는 모델이 되어주지 못했다면 더더욱 그렇겠지요. 이기적인 부모 아래 이기적인 아이가 나온다고 보는 게 정확할 것입니다.

아이의 공감 능력이 떨어지고 이기적으로 행동할 때는 2가지에 초점을 두고 지도해주는 것이 좋습니다.

첫째, 상대 아이의 마음이 어떨지 생각해보게 하기
둘째, 지적하듯 정답을 먼저 말하지 않기

나이 어린아이가 상대를 배려하고 상대의 마음을 다 헤아리고 알아차린다면 이미 어린이가 아니라 성인이겠지요. 저는 초등학교 때 공감 능력이 떨어지고 이기적이었던 아이가 나중에 자라서는 놀랄 정도로 배려심 많은 어른으로 자란 경우도 보았습니다. 지금 못한다고 앞으로도 못하는 게 아니니까, 넓게 포용하는 마음으로 지켜봐줘도 좋겠지요.

수아 : 선생님, 시율이가 보드게임 다 가져가서 저희는 할 거 없어요.

교사 : 시율아, 너는 왜 이렇게 너만 아니? 이렇게 너 하고 싶은 것만 쏙쏙 빼 가면 나머지 아이들은 어떻게 해. 너희 모둠 아이들이 다 싫어하잖아. 앞으로는 친구들한테 양보해. 알았어?

교사 : 시율아, 이거 먼저 가져가고 싶었어? 왜 그랬는지 말해줄 수 있니? (사실 확인하기)

시율 : 아이들이 가위바위보를 잘해서 제가 지면 좋아하는 거 못할 것 같아서 그랬어요.

교사 : 가위바위보에 져서 안 좋아하는 보드게임 가져갈까 봐 그랬구나. (감정 존중하기) 시율이가 좋아한다

고 먼저 말없이 가져가버리면 친구들은 어떤 기분일까?

시율 : 몰라요. 안 좋을 것도 같고….

교사 : 시율아, 친구들이 어떤 기분일지 친구들 얼굴을 한 번 볼까? 친구들 표정이 어떻니? (힌트 주기)

시율 : 속상해 보여요. 불만스러워 보이고요. (친구들 얼굴을 살피면서 말한다.)

교사 : 그래. 친구들이 속상하고 불만스럽겠다. 그치? (감정 정확히 짚어주기) 그럼 친구들이 왜 속상하고 불만스러워졌을까?

시율 : 친구들도 보드게임 좋은 거 하고 싶은데, 제가 그 마음을 몰라줘서요.

교사 : 그래. 시율아. 교실에서 행동할 때는 친구들 입장에서도 생각해볼 수 있어야 돼. 앞으로는 친구들 마음도 헤아려주는 시율이가 되자. 친구들한테 물어보면 돼. (기대하는 행동 말하기)

이때 정답을 '양보'로 정해놓고 이야기하는 건 좋지 않습니다. 그렇게 되면 양보하지 않았으니 너는 나쁜 아이라는 공식이 성립돼버립니다. 아이는 스스로 '나는 나쁜 아이' '나는 양보 안 하는 못된 아이'로 정체성을 갖게 됩니다. 이렇게 한 번 박힌 나쁜 정체성은 나중에는 어떤 식으로 지도해도 잘 안 변합니다.

그보다는 이번은 친구들 마음을 미처 못 헤아렸지만, 다음엔 친구들 마음을 헤아릴 수 있을 거라고 이야기해주는 쪽이 좋습니다. 공감은 누구나 배우고 훈련하면서 서서히 성장하는 것이기 때문입니다. 타고난 공감 능력이 약한 아이더라도 반복해서 지도하면 반드시 좋아집니다.

나-화법과 너-화법

전에 이런 유머를 본 적이 있습니다.

남자 : 미안해. 내가 잘못했어.

여자 : 내가 왜 화났는지는 알아?

남자 : 그냥 내가 다 잘못했어. 미안해.

여자 : 그러니까 왜 미안한데. 지금 왜 미안한지도 모르면서 미안하다고 하는 거 아니야?

남자 : 그러니까 미안하다고 하잖아. 미안하다니까.

여자 : 그러니까 왜 미안한 건데.

⋮

이 대화에서 남자는 여자가 왜 화났는지 잘 모릅니다. 여자가 왜 화났는지 남자에게 설명해주지 않았으니까요. 한편 남자는 여자에게 어떤 부분이 미안한지 말해주지 않습니다. 그저 미안하다고만 되풀이하고 있습니다. 이렇게 되면 계속해서 같은 말만 하게 됩니다. 싸움이 끝나지 않죠.

나의 감정과 생각, 의견을 정확하게 말하는 건 대화의 핵

심입니다. 내가 내 감정이나 생각을 정확하게 말하지 않으면 상대는 내가 어떤 부분을 어떻게 생각하고 느끼는지 잘 모릅니다. 내 속에 들어왔다가 나가는 것도 아닌데, 상대가 내 마음을 어떻게 알까요. 좋은 대화를 하기 위해서는 '알아서 이해하겠지' '어련히 미루어 짐작할까' 같은 생각을 빨리 버리는 게 좋습니다.

우리가 흔히 쓰는 말은 주어를 중심으로 2가지로 나뉩니다. 나를 중심으로 말하는 나-화법과 상대를 탓하는 너-화법이지요. 나를 주어로 말하는 나-화법에서는 내 감정, 내 생각, 내 의견을 위주로 말합니다. 반면 너-화법에서는 이 모든 잘못은 다 너에게 있다는 식으로 말합니다. 위의 남자와 여자가 말하는 방식이 바로 전형적인 너-화법입니다.

나-화법은 나를 중심으로 말합니다. 대화의 중심을 나에게 두기 때문에 상대의 말이나 행동에 대해서 탓하거나 비난하지 않습니다. 상대를 판단하지 않고 상황 그대로를 서술할 뿐이지요. 이런 화법은 상대가 오해하거나 서운하게 받아들일 여지가 한결 줄어들지요.

앞의 대화를 나-화법으로 바꾸어볼까요?

남자 : 내가 네 마음을 잘 이해하지 못해서 미안해. (나의 감
정 설명하기)

여자 : 내가 어떤 부분이 기분 나빴는지 정확하게 말해주지
않은 점, 나도 미안하게 생각해. (나의 감정 설명하기)

이 대화에선 내 감정을 상대에게 정확하게 전달했습니
다. 상대가 오해하지 않게 내 감정을 설명했고, 상대 역시
마찬가지로 자신의 감정을 먼저 설명했습니다. 이런 식
의 대화는 싸우고 싶어도 싸움이 안 됩니다. 싸움이 나는
것은 상대와 나의 견해가 다르다는 걸 서로 인정하지 못
하기 때문이니까요.

교실에서 교사와 학생이 나누는 대화도 마찬가지입니다.
예를 들어볼까요?

교사 : 지율아, 왜 모둠 활동 안 하고 있어? 뭐야, 표정 왜 그
래, 또 삐졌어?

지율 : 애들이 제 말을 잘 안 들어요.

교사 : 지율아, 네가 모둠 장인데 친구들 행동을 이해해줘
야지, 마음에 안 든다고 그렇게 번번이 안 하면 어떻
게 해? 선생님이 마음 너그럽게 행동하라고 몇 번을
말하니? (너-화법, 너를 탓하고 있다.)

교사 : 지율아, 모둠 활동 안 하고 있네. (객관적 사실만 말하기)

지율 : 애들이 제 말을 잘 안 들어요.

교사 : 아이들이 네 말을 잘 안 들어주는구나. (공감하기) 지율아, 선생님은 네가 모둠 활동을 안 하는 부분이 조금 아쉽다. (나의 감정 말하기) 왜냐하면 지율이가 친구들 이해해줄 수 있을 것 같거든. (감정 설명하기) 지율아, 이 시간에 발표까지 마치려면 지금이라도 마무리해야 해. 마음 풀고 다시 시작해볼래? (기대하는 행동 말하기)

교사든 부모든 아이와 이야기할 때는 정확하게 핵심을 짚어주는 게 좋습니다. '네가 잘못해서 그렇다' '네가 이렇게 해야 한다' 같은 말부터 하지 말고, 상황에 대한 차분한 설명을 먼저 하는 것이 중요합니다. 그다음에 내 생각과 감정을 부드럽고 정확하게 전달하는 것이지요.

특히 '다 컸으니까 이 정도는 알아서 이해하겠지' 같은 생각은 내려놓는 게 좋습니다. 성인끼리 대화할 때조차 정확하게 핵심을 말하지 않으면 앞의 여자와 남자 같은 식으로 대화하게 됩니다. 아이들은 더 말할 것도 없겠지요.

애정 욕구가 높은 아이를 대하는 단 한 가지 원칙

'전엔 안 그러더니 왜 그러니?' 대신

학기 초에 반에서 말을 가장 잘 듣던 아이가 있습니다. 다른 아이들보다 잘 따르고 앞장서서 학급 일을 도맡아 하던 아이였습니다. 그런데 중반 이후부터 딱히 이유가 있는 것도 아닌데, 아이가 달라졌습니다. 지금은 오히려 더 많이 속 썩이고 말썽을 부리는데요. 이런 아이와는 어떤 식으로 이야기를 나누어야 할까요?

교직 경력 4년 차, 과밀 학급 6학년을 담임했을 때 일입니다. 지금은 학급 당 학생 수가 30명을 넘지 않지요? 제가 담임했던 반은 반 학생 수가 47명이나 됐습니다. 2학기가 돼서야 분반을 해서 41명으로 수가 줄었습니다. 물론 학생 수가 줄거나 말거나 상관없이 우리 반은 말썽과 사고가 끊이질 않았습니다.

그 말 많고 탈 많은 교실에도 눈에 띄게 선생님 편이다 싶은 아이가 있었습니다. 공부도 잘하고 가정 형편도 좋고, 학급에선 부반장으로 자질구레한 심부름이며, 온갖 학급 일을 도맡아 하던 아이였습니다. 당연히 저와 사이도 좋았습니다.

이 아이만큼은 내 편이다 싶었습니다. 마음 터놓고 지낼 만한 아이라고도 믿었습니다. 뜻밖에도 이 아이가 1학기 중반을 넘어서면서부터 달라졌습니다. 공격적인 말과 행동을 서슴지 않았고, 다른 아이들 못지않게 속을 썩이더군요. 아이와 저의 관계도 나빠졌습니다. 아무리 머리를 싸매고 고민을 해봐도 왜, 어디서부터, 무엇이 문제인지 도저히 알 수가 없었습니다. 사이가 영 껄끄러운 상태로 아이는 졸업을 해버렸습니다.

시간이 흐른 다음, 저와 똑같은 고민을 하는 교사를 만나게 됐습니다. 똑같이 6학년을 담임했는데, 반에 꽤 속을 썩이는 아이가 있다는 겁니다. 이야기를 들어보니 학기 초엔 담임 교사를 먼저 나서서 도와줄 만큼 교사에게 유난히 친절하고 다정했던 아이였는데, 언제부턴가 사이가 틀어지면서 점점 껄끄러워졌다고요. 이 선생님은 아이의 반항과 거친 언행을 대충 무시하고 넘기는 중이었습니다.

아이가 이런 식으로 돌변하는 이유는 무엇일까요? 이런 아이들이 가지고 있는 심리적 특성에 있습니다. 이런 아이들은 교사의 특별한 관심과 개별적인 애정을 다른 아이들보다 더 갈구합니다. 이 아이들은 교사가 자신을 특별하게 여기고 좋아해주길 바라고, 교사와 더 깊은 관계를 맺기를 원합니다. 더 바짝 다가서고 "선생님, 사랑해요" "선생님이 제일 좋아요" 같은 애정 표현도 서슴없이 하지요.

교사는 어떤가요. 교사는 전혀 다른 입장에서 생각하고 행동합니다. 그 아이가 특별히 좋다기보다는 '교사에게 친절하고 다정하구나' 정도로 생각합니다. 더 솔직히 말하면 내 편인 것 같고, 말을 잘 듣는 아이는 일단 젖혀두고 다른 아이들에게 더 신경을 쓰기 마련이지요. 모든 아이에게 고르게 잘해주고 싶고, 모든 아이에게 다 사랑과 관심을 주고 싶은 게 교사의 속마음이니까요.

애정을 갈구하는 아이들은 교사가 이렇게 모든 아이를 골고루 사랑한다 싶으면 마음이 확 식습니다.

'뭐야. 선생님이 처음엔 나 한 사람만 좋아하는 것 같더니, 아니잖아? 선생님이 나만 좋아하는 게 아니란 말이지?'

이런 식입니다. 이때부턴 일부러 더 엇나가는 행동을 하거나 친구들보다 더 속을 썩이는 식으로 말썽을 부립니다. 학생 자신은 잘 못 느끼고 있지만, 사실은 교사의 관심을 끌기 위해 일부러 일탈 행동을 하는 것이지요.

이 아이들은 내년에 만나는 선생님에게도, 그다음 해 만나는 선생님에게도 똑같이 행동합니다. 이런 독특한 심리적 특성을 이해하고 적절하게 그 마음을 살피는 지도가 필요하다는 뜻입니다.

그때 저는 제가 잘못 지도했기 때문이라고만 생각했습니다. 그런데 아이의 속마음을 알고 난 다음에는 내가 잘못했던 건 다른 게 아니라 아이의 인정받고 싶어 하는 욕구를 채워주지 못한 것이구나, 생각하게 됐습니다. 이 학생들은 애정의 욕구가 큽니다. 그 교사를 특별하게 너무 좋아해서라기보다는 그저 교사라는 존재에게 인정받고 싶고, 관심을 듬뿍 받고 싶은 것뿐입니다.

이걸 깨달은 다음부턴 애정 욕구가 높은 학생에겐 몇 가지 원칙을 가지고 지도했습니다. 이런 아이들을 대할 때는 의도적으로 '넌 선생님이 특별히 더 사랑하는 학생이야'라는 뉘앙스를 풍겼습니다. 아이를 차별하거나 특별히 사랑해서가 아닙니다. 아이가 그 말을 듣고 싶어 한다는 걸 알기 때문에 그렇게 말해주었을 뿐입니다.

심부름이나 개별적인 접촉을 할 기회를 일부러 주기도 했습니다. 방과 후에 친한 친구랑 함께 선생님 일을 도와주거나 옆 반으로 심부름을 보내는 식으로 아이에게 관심과 애정을 갖고 있음을 의도적으로 보여주었습니다.

이 아이들은 친구들에게 영향력을 미치는 걸 좋아하기 때문에 주변에 따뜻하게 배려하고 관심 가져주는 아이들을 배치해 두었습니다. 아이가 머리 끈 하나만 평소와 다르게 해도 함께 웃어줄 수 있는 아이들이죠.

애정과 관심을 갈구하는 아이들은 이런 식으로 욕구를 이해해주고 마음을 헤아려주지 않으면 말썽을 계속해서 부립니다. 인정받고 싶은 욕구가 부정적인 방향으로 바뀌어서 까칠한 행동으로 튀어나오는 것이죠.

이건 애정이 결핍된 상태에서 만들어진 욕구이기 때문에 애정과 사랑 말고는 해결할 방법이 없습니다. 아이 주변에 제대로 인정해주고 사랑해주는 사람이 있다면 이런 결핍은 애초에 만들어지지도 않겠지요. 교사가 이 아이들에게 줄 수 있는 최고의 선물은 그 마음을 '그렇구나. 네가 사랑을 원하는구나'라고 이해하고 받아주는 것입니다.

완벽주의 성향을
유연하게 잡아줘야 하는 이유

'대충 넘어가' 대신

지나칠 정도로 꼼꼼한 아이가 있습니다. 수업 시간에 내 주는 과제를 조금만 못 해도 화를 냅니다. 대충 하고 넘어 가라고 하면 그 자체로 스트레스를 받아요. 자기 마음에 안 차면 울거나 소리치면서 화를 내고요. 어떻게 말해줘 야 할까요?

심리학에서는 완벽주의를 이렇게 말합니다.

어떤 일을 하든지 완벽하게 마무리해야 맘에 들어 하고, 조금만 못해도 스스로 못 견뎌하는 심리 상태.

완벽주의는 성인에게만 있을 것 같지만 초등학생도 이런 완벽주의 성향을 보이는 아이가 있습니다. 아이가 갖고 있는 자신에 대한 기준이 워낙 높고 견고하기 때문에 조금만 실수해도 지나칠 정도로 속상해하고 힘들어합니다. 문제를 못 푼 자신을 무능하거나 멍청하다고 말하고, 스스로에게 화를 내면서 실제로 머리를 쥐어뜯기도 합니다.

이런 아이들은 좀처럼 만족을 하지 못할 뿐 아니라 약간의 실수조차 용납하지 못합니다. 남들 눈에는 이미 잘하고 있는데도 스스로는 만족하지 못합니다. 달리는 말에 채찍질하듯 열심히, 더 열심히, 자꾸만 닦달을 하지요.

완벽주의 성향의 아이들은 처음엔 학업 성취도가 높을 수 있으나, 학년이 올라갈수록 오히려 더 힘들고 괴로워집니다. 학습 분량이 자꾸 늘어나고 내용이 심화되면 그만큼 문제에서 실수하고 틀릴 확률도 자연스레 높아지기 때문이죠. 초등학생 때 이런 완벽주의 성향을 유연하고 부드럽게 잡아주지 않으면 나중에 상급 학교에 진학했을 때는 성적이 급격하게 떨어지거나 크게 좌절하는 식으로 학습에서 무기력해지기도 합니다.

이 학생들은 곁에서 심리적인 안정과 지지를 꾸준히 해주는 것이 가장 중요합니다. 아이가 유난히 과제의 완성도와 결과에 집착하는 만큼 교사가 자꾸 '괜찮아. 잘하고 있어. 충분히 훌륭해'라는 말을 들려주어야 하는 것이지요.

이때 완벽하게 하려는 아이의 성향 자체를 답답해하거나 잘못된 행동이라는 식으로 나무라면 안 됩니다. 그렇게 되면 자칫 아이 스스로 '나는 나쁜 아이인가 봐'처럼 생각할 수도 있습니다. 설사 실수하더라도 부드럽고 유연하게 대응할 수 있게 도와주는 게 좋습니다.

> 채린 : 아, 하나 틀렸어요. (지나치게 속상해한다.)
> 교사 : 채린아, 다른 아이들은 너보다 못했잖아. 그만하면 잘했다니까. 대충 넘어가도 돼. 괜찮다니깐. (아이의 행동을 타박한다.)

> 교사 : 채린아, 실수로 틀려서 속상하구나. (감정 존중하기)
> 채린아, 칭찬 먼저 해주자. '참 잘했다' '다음에도 잘할 수 있어' 이렇게. 네가 너를 먼저 칭찬해주면 다음엔 더 잘할 수 있거든. 한 번 해볼까? (기대하는 행동 말하기)

아이의 실수나 잘못을 쿨하고 부드럽게 대하는 교사의 태도는 아이를 진정시키는 데 도움이 됩니다. 이 부분은 기억해두었다가 꾸준하게 지도하는 게 좋습니다. 처음엔 아이가 완벽주의라기보다는 그저 짜증이 많은 아이로 보일 수도 있습니다. 아이를 유심히 살펴보고 지나치게 꼼꼼하게 과제를 해결하려 하는지, 작은 실수도 용납하지 못하고 화를 내는지, 스스로 자기 자신에게 화를 내는 상황이 잦은지 등을 살펴보는 게 중요합니다.

완벽주의 성향은 가정에서 만들어지는 경우가 대부분입니다. 어릴 때부터 아이가 실수할 때마다 부모가 자주 혼내거나 행동을 꼬치꼬치 잔소리한 경우, 아이 스스로 자신을 자책하고 후회하도록 행동이나 학습 능력에 대한 죄책감을 유도해온 경우, 부모가 지나칠 정도로 완벽한 사람인 경우, 아이도 완벽주의를 추구하는 아이로 자랍니다.

가정에서 만들어진 완벽주의 성향은 교실처럼 공동으로 생활하는 장소에서 더 못 견뎌하기 쉽습니다. 내 마음에 안 드는 아이들, 나보다 잘하는 아이들, 내 눈에는 도저히 안 차는 점수, 원하는 대로 하기 어려운 상황들, 이런 모든 것들이 아이를 자극하기 때문입니다. 결국 완벽주의 성향은 아이뿐 아니라 주변 모든 사람을 힘들게 만드는 것이죠.

이런 학생들은 학부모가 완벽주의 성향인 경우도 많기 때문에 교사에게 지나칠 정도로 세세하게 요구를 하기도 합니다. 때론 잘하고 있는 교사를 엉뚱하게 트집 잡거나 이렇게 해달라,

저렇게 해달라 지나치게 자세하게 요구할 수도 있고요. 어떤 지도든 마찬가지지만, 교사가 어떤 식으로 지도해왔는지 일지를 기록해두는 것도 이런 학부모들 상담에 큰 도움이 됩니다.

저는 완벽주의 성향의 아이나 부모를 만났을 때는 이렇게 말해주곤 했습니다.

"아이에게 조금 너그러워지셔도 됩니다. 지금도 충분히 잘하고 있으니까요. 부족한 건 아이가 아니에요. 격려와 칭찬입니다."

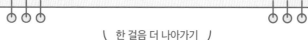

긍정적인 문장 만들기

긍정적인 '너희 문장' 만들기

교사들이 사용하는 말은 반복적으로 주어지기 때문에 학생들의 내면을 파고듭니다. 학생들은 자신도 모르게 교사의 말에 내면화되지요. 캐나다의 유명한 교육자이자 작가인 해나 비치와 타마라 뉴펠드 스트라이잭은 교실에서 긍정적인 '너희 문장'을 만들어볼 것을 제안합니다.

"너희들은 참 멋지구나."
"너희들은 질서를 잘 지키는구나."
"너희들은 ○○ 하는 점에서 탁월해."

이런 긍정적인 문장을 학생들에게 자주 들려주는 것입니다. 긍정적인 문장은 학생들이 긍정적이고 따뜻한 관심 속에서 학급을 함께 꾸려나간다는 것을 스스로 인지하는 데에 큰 도움을 줍니다.

긍정적인 '우리 문장' 만들기

여기에서 한 걸음 더 나아가면 '우리 문장'을 만들 수 있습니다. 학급은 공동체이며, 교사와 학생은 특색 있는 공동체를 만들어가는 구성원들입니다. 행복과 안전은 모두에게 똑같이 소중한 것입니다. 긍정적인 우리를 떠올리게 하는 말을 문장으로 만들어 학생들에게 자주 들려준다면 긍정적인 학급 공동체를 만들어가는 데에 도움이 됩니다.

"우리 반은 참 따뜻하고 행복하다. 그치?"
"우리 반은 선생님이랑 잘 맞는 것 같아. 선생님은 우리 반이 참 좋아."
"우리 반은 선생님이 생각하기에 더할 나위 없이 친절하고 온화해. 선생님은 그런 우리 반이 자랑스러워."

이런 '우리 문장'은 학생들이 서로를 하나로 느끼게 만들고, 공동체의 구성원으로서 이바지할 수 있도록 이끌어 줍니다. 학생들과 함께 '우리 문장'을 만들어 게시판에 자유롭게 부착하게 해도 재미있는 이야기들이 많이 나옵니다.

3장

화내지 않고
더 나은 선택을 하게 만드는

권유의 기술

아이의 변화에
초점을 두는 대화법

'왜 자꾸 지각해' 대신

매일 지각하는 아이가 있습니다. 늦을 때마다 번번이 화를 내는 것도 힘들고, 친구들 앞에서 자꾸 야단하는 것도 마음이 불편합니다. 어떻게 해야 할까요?

최근 충북에서 중등 1급 정교사 자격연수 강의를 했습니다. 선생님들에게 학생들 생활지도에서 가장 애먹는 부분이 무엇이냐고 물었더니, '잦은 지각'이라고 입을 모으더군요. 교실에서 아침마다 지각하는 학생들 때문에 매일 같이 화를 내게 된다고요.

짐작하시겠지만, 지각은 습관입니다. 늦는 아이는 매일 늦고, 일찍 오는 아이는 매일 일찍 옵니다. 이건 교사도 마찬가지입니다. 일찍 출근하는 교사는 항상 일찍 출근하고, 늦게 출근하는 교사는 항상 늦게 출근합니다. 지각하거나 지각하지 않거나 모두 습관이지요.

학자들은 한 가지 습관을 새로 만들려면 어느 정도의 시간이 필요하다고 말합니다. 학자마다 이 기간을 21일 또는 2개월로 다르게 말하긴 하지만, 습관 하나가 새로 만들어지기 위해서는 적어도 3주 이상은 시간이 걸린다는 것에는 의견이 일치합니다. 지각하지 않도록 습관을 바로잡을 때도 한번 시작하면 최소한 21일 넘게 지도해야 하고, 길어지면 2개월 이상 걸릴 수 있다는 것을 고려하는 것이 좋겠지요.

아이들은 일찍 일어나야 한다, 늦으면 선생님이 싫어한다 등을 머리로는 압니다. 다만, 몸이 머리와 반대로 움직일 뿐입니다. 아침에 늦게 일어나고 준비물을 안 챙기고 숙제도 미처 안 하고 굶은 상태로 허둥지둥 학교에 옵니다.

특히 부모가 지나치게 아이에게 많은 걸 해주고 있다면 습관이 더욱 더디게 개선됩니다. 과잉보호하는 부모라면 아이 대신 준비물과 과제를 챙길 것이고, 그렇게 하면 아이 스스로 습관을 고치려 노력하기보다는 부모에게만 의존하기 일쑤입니다. 아이의 습관이 좀처럼 개선이 안 되는 경우는 부모가 어떤 방식으로 아이를 대하는지 유심히 살펴볼 필요가 있겠지요. 부모가 아이 대신 너무 많이 애쓰고 있다면 상황을 부드럽게 설명하고 방향을 잡아주는 게 좋습니다.

> 교사 : 아니, 오늘 또 늦었어? (사실) 그러니까 일찍 자야 한다고 선생님이 말했지? 왜 이렇게 자꾸 늦어? (감정적 판단)

아이가 지각한 상황은 이미 벌어진 일이고 달라지지 않는 사실입니다. 여기에 교사가 "그러니까 선생님이 일찍 자라고 했지? 근데 왜 넌 늘 똑같니?"처럼 감정적인 판단을 덧붙이는 건 사실 의미가 없습니다. 오히려 교사나 친구들에게 매일 늦잠 자는 잠꾸러기가 돼버리는 낙인 효과가 발생해버립니다. 아이는 변화할 기회를 놓치고, 교사는 학생에게 바라는 행동이 무엇인지 말할 여지가 사라지지요.

이럴 때 권유의 기술을 써보세요. 권유의 기술은 학생에게 교사가 기대하는 행동을 부드럽게 말해주고, 교사와 학생이 더 나은 내일을 위해 함께 해결 방법을 찾아보도록 합니다. 더 나은 행동을 선택할 여지를 열어두는 대화이지요.

교사가 기대하는 것은 아이가 제시간에 학교에 오는 것입니다. 지각한 사실만 이야기한 다음 선생님이 기대하는 것을 부드

럽게 권유해보세요. 그런 다음 선생님이 무엇을 어떻게 도와줄
지 물어보세요.

> **교사 :** 아니, 오늘 또 늦었어? (사실) 왜 자꾸 늦니? 그러니
> 까 일찍 자야 한다고 선생님이 말했지? (감정)
> → 오늘 늦었구나. 어제 몇 시에 잤어? (사실)
> → 오늘은 어제보다 조금 일찍 자보는 건 어떨까? (기
>   대하는 행동 권유하기)
> → 네가 그렇게 하려면 선생님이 무엇을 도와주면
>   좋을까? (해결 방법 함께 찾기)

이 대화는 변화에 초점을 두고 있습니다. 변화를 이끌어내기
위해 아이에게 더 나은 방안을 권유하고 있으며, 해결 방법을
교사와 학생이 함께 찾습니다.

교육에서는 오늘보다 내일이 더 중요합니다. 오늘 비록 잘못
하고 실수해도 내일 잘하면 됩니다. 교사들은 바로 이 내일을
위해 오늘을 애쓰는 사람입니다. 아이가 오늘보다 내일 조금이
라도 나아졌다면 그걸로 된 겁니다. 이런 식으로 마음을 열어놓
고 일관되게 지도하면 아이도 점점 달라집니다.

습관은 하루아침에 생기지 않습니다. 하루아침에 없어지지

도 않습니다. 이렇게까지 해야 하나 싶을 정도로 신경 써서 지도하지 않으면 금세 원위치로 돌아갑니다. 2개월 이상 끈질기게 지도해주세요. 여기에서 끈질기게 지도한다는 것은 비슷한 상황이 자꾸 벌어져도 아이에게 더 나은 행동을 선택할 기회를 줘야 한다는 뜻입니다.

좋은 행동을 선택할 기회는
너 자신에게 있단다

6학년을 담임했을 때 반에 지각을 밥 먹듯이 하는 아이가 있었습니다. 아이의 부모님은 새벽 장사를 했습니다. 아이는 늦은 새벽까지 부모를 기다리면서 게임을 하게 됐고, 나중에는 게임 중독이 돼버렸습니다. 사정은 딱했지만, 1교시가 끝나갈 때까지 학교에 안 오는 것은 반드시 고쳐야 할 나쁜 버릇이었습니다.

이런저런 방법을 써보았습니다. 아파트 주차장에서 아이를 기다렸다가 출근도 했고, 아이들 앞에서 호되게 야단도 했습니다. 아이는 좀처럼 달라지지 않았습니다. 아이 말로는 자신도 일찍 일어나고 싶은 마음은 굴뚝 같은데 안 된다더군요. 야단과 잔소리로는 달라지지 않는다는 것을 아이도 저도 똑같이 느끼고 있었습니다.

고민 끝에 방법을 바꿔봤습니다. "그러니까 일찍 자라고 했잖아!" 하고 야단 치는 대신 "오늘은 어제보다 조금 일찍 자보면 어떨까?" 하고 권유했습니다. 좋은 행동을 선택할 기회는 너 자신에게 있다고 아이에게 말해주었고, 선생님이 너를 위해 함께 노력하겠다는 것을 분명하게 말해주었습니다.

"네가 그렇게 하려면 선생님이 무엇을 도와주면 좋겠니?"라고 질문을 바꾸었습니다. 아이는 곰곰이 생각하더니, 전날 몇 시에 잤고 몇 시에 일어났는지 저에게 아침마다 알려주겠다더군요.

매일 잠든 시각과 일어난 시각을 기록하면서부터 아이는 조금씩 달라졌습니다. 숫자로 기록한 객관적인 데이터는 변명할 여지가 없었으니까요. 특히 고위험군에 들어갈 정도로 게임 중독이 심각한 아이였기 때문에 이 부분을 함께 지도했습니다. 조금이라도 나아지면 바로 격려했고, 나아진 점은 친구들 앞에서 공개적으로 칭찬했습니다.

그렇게 몇 달의 시간이 흘렀습니다. 아이는 놀라울 정도로 달라졌습니다. 아침에 일찍 일어나는 것은 물론이고 저보다 학교에 일찍 올 정도였습니다. 늦게 자거나 늦게 일어나는 일이 없어졌고, 게임도 끊었습니다. 개과천선도 이만한 개과천선이 없었습니다. 게임 중독이던 잠꾸러기가 이렇게 달라졌다면 선생님 교실의 아이들도 분명 달라질 겁니다.

감정적 판단 대신
기대하는 행동 말하기

'교실 꼴이 이게 뭐야?' 대신

미술 시간에 잠깐 교실을 비웠습니다. 돌아와 보니, 아이들이 여기저기에 쓰레기를 버려서 교실이 너무 지저분했습니다. 아이들에게 교실 꼴이 이게 뭐냐고 야단했는데, 돌아보니 꼭 그렇게 화를 냈어야 했나 싶습니다.

초등 1급 정교사 학급경영 강의에서 나왔던 질문입니다. 교사가 화를 낼 때는 항상 기억해야 할 것이 있습니다. 지금 화를 내서 얻을 수 있는 게 무엇인가, 하는 것을 따져보는 것입니다. 화를 내서 얻는 것보다 잃을 게 많다면 화를 안 내는 것이 당연히 낫습니다. 이 상황에서는 교사는 감정이 상하고 교실은 교실대로 지저분한 상태를 말하겠지요.

우리가 화를 낼 때는 보통 사실과 감정을 섞어서 이야기하곤 합니다. 교사가 쉽게 하는 "너는 왜 자꾸 그러니?" 같은 말에는 "너는 왜 그런 식으로 행동해서 나를 언짢게 하니?" 같은 속마음이 숨어 있습니다. 교사가 이런 감정적인 판단을 학생에게 덧붙이면 그 학생은 교사의 마음속에서만 그런 게 아니라 현실에서도 진짜 말썽꾸러기가 돼버립니다.

교사는 사실과 감정을 구분해서 이야기해야 한다는 것을 항상 염두에 두면서 말하는 게 좋습니다. 교사가 무심결에 쉽게 던지는 말도 아이는 사실처럼 받아들입니다. 교사는 자신의 말을 스스로 의식하면서 말하는 습관을 들여야 합니다.

이 경우는 "교실 꼴이 이게 뭐야"까지는 사실입니다. 뒤에 나오는 "교실을 이렇게 지저분하게 만들면 어떻게 해? 선생님이 깨끗하게 하라고 했지?"에는 '너희들은 왜 이렇게 말을 안 듣니, 왜 이렇게 부주의하니, 왜 늘 이 모양이니' 같은 교사의 감정적 판단이 숨어 있습니다.

지금 교실이 지저분한 것은 변하지 않는 사실입니다. 사실은 안 변해도 결과는 바꿀 수 있습니다. 사실을 말한 다음, 기대하는 행동을 말하면 됩니다. 그러면 학생들은 어떻게 행동해야 할지 알아차리고 행동하게 됩니다.

> **교사 : 교실 꼴이 이게 뭐야. (사실) 선생님이 교실 지저분**
> **하게 만들지 말라고 했지? (감정)**
> → 교실이 지저분해졌네. (사실)
> → 함께 치우자. (기대하는 행동)

책상이 자주 지저분한 학생도 마찬가지로 지도하면 됩니다.

> **교사 : 책상이 지저분하구나. (사실) 너는 왜 이렇게 정리**
> **를 못 하니? (감정)**
> → 책상이 지저분하구나. (사실)
> → 책상에 있는 물건을 책상 속에 넣어보자. (기대하는
> 행동)

반쯤 먹은 우유를 책상에 올려놨다가 수업 시간에 엎지른 아이에게는 어떻게 말해줘야 할까요? 어차피 아이가 우유갑을 엎질러서 교실이 지저분해진 사실은 변하지 않습니다. 하지만 교사가 의연하게 반응하고, 기대하는 행동을 명확하게 말해준다면 교실은 빠르게 차분해지고, 다시 수업으로 돌아올 수 있습니다. 교사가 감정적으로 아이를 판단하는 대신 기대하는 행동을 말해주는 것이 결과적으로 더 낫습니다. 교사는 기분이 상하지 않고, 아이는 어떻게 대처할지 배울 수 있으니까요. 여기에서

한 걸음 더 나아간다면, 다음에 비슷한 상황이 벌어지지 않도록 지도할 수 있습니다.

> **교사** : 뭐야, 너 또 우유 엎질렀어? (사실) 선생님이 그러니까 쉬는 시간에 다 마시라고 했지? (감정)
> → 우유갑을 엎질렀네. (사실) 휴지 가져오렴. 같이 닦자. (기대하는 행동)
> → 왜 우유를 엎질렀을까? (스스로 문제점 찾아보게 하기)
> → 다음엔 어떻게 하면 좋을까? (스스로 해결책 말해보게 하기)

> **교사** : 책상이 지저분하구나. (사실) 너는 왜 이렇게 정리를 못 하니? (감정)
> → 책상이 지저분하구나. (사실) 책상에 있는 물건을 책상 속에 넣어보자. (기대하는 행동)
> → 왜 책상이 자꾸 어수선해지는 것 같니? (스스로 문제점 찾아보게 하기)
> → 다음엔 어떻게 하면 좋을까? (스스로 해결책 말해보게 하기)

> **교사** : 교실 꼴이 이게 뭐야. (사실) 선생님이 교실 지저분하게 만들지 말라고 했지? (감정)

→ 교실이 너무 더러워졌네. (사실) 함께 치우자. (기대하는 행동)

→ 왜 교실이 더러워졌을까? (스스로 문제점 찾아보게 하기)

→ 다음엔 어떻게 하면 좋을까? (스스로 해결책 말해보게 하기)

교실이 깔끔한 학급의
비밀

    학교를 돌아다니다 보면, 특별히 눈에 띄게 지저분한 교실이 있습니다. 반대로 먼지 하나 없이 깔끔한 교실이 있고요. 많은 교실을 보고 많은 선생님을 만나본 결과, 학급 운영을 잘할수록 교실이 깔끔하다는 것을 알 수 있었습니다. 아마도 그만큼 교사가 교실에 관심을 쏟고 관리하기 때문이겠지요. 이건 학습 준비물을 잘 갖추고 과제를 잘해오는 아이가 공부를 잘하는 것과 마찬가지라고 생각합니다.

    교실은 깔끔해야 합니다. 무엇보다 교실에서 발생할 수 있는 안전사고 때문에라도 교실은 잘 정돈하고 깔끔하게 관리하는 게 좋습니다. 그렇지 않으면 의자에 걸어둔 가방끈에 걸려서 넘어지는 아이, 뛰어다니다가 책상과 같이 뒹구는 아이 등 다양한 안전사고가 교실에서 일어나기도 합니다. 저는 초임 때 옆 반 학생이 책상과 함께 나뒹굴어서 입술부터 인중까지 찢어진 사례를 본 적이 있습니다.

교실을 깔끔하게 관리하기 위해서는 교사의 지도가 가장 중요합니다. 학기 초부터 교실 어디에 무슨 물건을 두고, 어디에 쓰레기통을 놓고, 사물함과 책상에 어떤 물건을 어떻게 넣을 것인지 아이들과 정한 뒤, 연중 일관되게 지도하는 것이 좋습니다. 시시때때로 시간을 내서 청소하고 주변 쓰레기는 아이 손으로 직접 줍게 해야 교실이 깨끗하게 유지됩니다.

정리와 정돈은 달라요

우리말로는 비슷해 보여도 정리와 정돈은 다릅니다. 정리는 불필요한 물건을 버리는 것을 말하고, 정돈은 물건을 제자리에 두는 것을 말하지요. 많은 인원이 함께 생활하는 공간인 만큼 교실은 정리도 중요하고, 정돈도 중요합니다.

교사 책상은 보통 교실 앞면에 있는데요. 교실 앞면에는 학생들이 가장 자주 쳐다보는 칠판이 있습니다. 칠판에 자석을 주렁주렁 붙인다거나 교사 책상에 잡다한 물건을 올려두면 안 그래도 집중력이 자주 흐트러지는 어린 학생들의 주의가 더 쉽게 흐트러지겠지요.

교실을 깔끔하게 만들 수 있는 10가지 생활 규칙을 소개합니다. 저는 이 생활 규칙을 철저하게 지킨 이후에 교실에서 안전사고가 한 건도 없었습니다. 저학년이든 고학년이든 할 것 없이 어떤 학년에서든 학기 초부터 꼭 지도해주어야 합니다.

교실을 깔끔하게 만드는 10가지 생활 규칙

1. 교사 책상에는 꼭 필요한 물건 이외에는 올려놓지 않기
2. 컴퓨터나 전화선은 깔끔하게 타이로 묶어서 정리하기
3. 학교에 오자마자 가방 정리하기
   (오늘 쓸 교과서와 공책, 필통은 책상에 정리하고, 나머지는 사물함에 넣어요.)
4. 사물함에는 빈 가방을 넣기
   (사물함에 가방을 넣으면 교실이 깔끔해져요.)
5. 수업 시간에 쓴 준비물은 곧바로 치우기
   (모둠에 깔끔이 역할을 주어서 자주 치우게 해요.)
6. 책상 속에는 꼭 필요한 교과서와 필통, 공책만 넣기
7. 빈 우유갑은 우유 상자에 놓기
8. 칠판에는 가급적 아무것도 부착하지 않기
9. 신발은 가지런하게 신발장에 넣기
10. 집에 가기 전에 쓰레기 10개씩 줍기

화내거나 나무라지 않고
교육 효과를 얻는 법

'그게 최선이야?' 대신

교실에서 하는 행동이 너무 한심하고 어이없게 느껴지는 아이가 있습니다. 노력하지 않고 매사 대충 하려는 태도가 보이면 맥이 빠지고 자꾸 화가 납니다. 이런 아이에겐 어떻게 말해주어야 할까요?

저학년 담임을 할 때 일입니다. 아이들에게 수업 시간에 그림을 그리라고 했습니다. 봄 동산을 색칠해야 하는데, 봄은커녕 동산인지 뭔지 알아볼 수 없게 대충 칠해서 가져왔더군요. 처음 몇 번은 손이 여물지 않은 탓이려니 했는데, 번번이 대충 해놓고 잘했다고 내미는 것이 괘씸했습니다.

그때 아이들에게 "최선을 다해야지. 이게 최선이니?"라고 야단을 했습니다. 그런데 한 아이가 한참 잔소리를 듣던 중에 물어보더군요.

"선생님, 근데 최선이 뭐예요?"

얼마나 어이없고 황당하던지요.

"뭐? 넌 최선이 뭔지도 몰라?"

물어보니, 엄마도 그렇고 선생님도 그렇고 항상 최선을 다하라고는 하는데, 최선이 무엇인지는 안 가르쳐줬대요. 순간, 할 말을 잃었습니다. 아, 내가 최선을 다하라고만 하고 그게 무엇인지는 안 가르쳐줬구나, 그제야 깨달았습니다.

최선이 무엇일까요? 어른에게 최선은 말 그대로 할 수 있는 모든 일을 힘써서 끝까지 하는 것을 말합니다. 어른이 "나는 이 일에 최선을 다했어"라고 말할 때는 정말로 할 수 있는 모든 것을 다 해냈다는 뿌듯함과 더는 미련이 없다는 후련함까지 느껴지지요.

아이는 어떨까요? 아이는 이야기가 조금 다릅니다. 아이는 제 사례에서처럼 아직 최선이 무엇인지 모릅니다. 최선을 다하는 것이 무엇인지 잘 모르니, 무엇을 어떻게 해야 좋은 결과가 나오는지도 잘 모릅니다. 대부분은 노력하면 좋다는 걸 막연하게 알 뿐, 최선을 다했을 때와 그렇지 않을 때의 차이도 잘 모릅니다. 일을 잘 해내려는 목적이 없고, 방법도 잘 모르니 아이들이 해내는 일은 어설프거나 엉성할 때가 많지요.

최선을 다하는 태도는 아이들이 살면서 배워야 할 것 중 하나입니다. 아직은 최선을 다하지 못해도 괜찮고, 어떤 것이 최선인지 잘 몰라도 괜찮습니다. 아이는 학교와 가정에서 그리고 사회에서 최선을 다해 노력하는 성실한 태도가 가져오는 좋은 결과와 노력의 뿌듯함을 서서히 깨닫고 배워가면 되니까요.

교사가 말하는 "그게 최선이야?"의 속뜻은 무엇일까요? 저는 이 말에 '그렇게밖에 못하니?' '넌 그 수준밖에 안 되는 거야' 같은 뜻이 들어 있다고 생각합니다. 잔소리를 듣는 아이로서는 딱히 대답할 거리가 없게 만드는 말이지요. 교사가 아이에게 "그게 최선이야?"라고 말하면 아이는 우물쭈물하게 됩니다. 아이는 속으로 '그럼 이 이상 뭘 더 어떻게 하라는 거지?' 하고 생각하게 되지요.

긍정적이고 교육적인 효과를 기대한다면 아이를 나무라기보다는 아이에게 기대하는 것을 분명하고 정확하게 말해주는 게 더 좋겠지요.

> 지민 : 선생님, 그림 다 그렸어요.
>
> 교사 : 아니, 이게 뭐야. 다른 애들 한 거 안 봤어? 넌 이게 최선이니?

> 지민 : 선생님, 그림 다 그렸어요.
>
> 교사 : 지민아, 다 끝마친 거 맞니? (색칠이 덜 된 부분을 짚어주면서) 이 부분은 색칠이 덜 된 것 같은데? 지민아, 이렇게 다 한 다음에 한 번 더 살펴보면서 더 할 것을 찾아보는 걸 최선을 다하는 거라고 해. (최선이 무엇인지 가르쳐주기) 최선이 무엇인지 이제 이해했니? (확인하기) 선생님은 네가 조금 더 꼼꼼하게 해주길 바라는데, 이 부분 좀 더 색칠해볼래? (기대하는 행동 말하기) 지민아, 다음엔 최선을 다해보기로 선생님이랑 약속하자. 어때?

이 대화에서는 최선을 다하라는 말을 하기 전에 최선을 다하는 게 무엇인지 아이에게 가르쳐주었습니다. 그다음 교사가 기대하는 행동인 '꼼꼼하게 색칠하기'를 분명하게 짚어주었지요.

> 민하 : 선생님, 문제 다 풀었어요.
>
> 교사 : 아니, 이게 뭐야. 다 틀렸네. 대충 풀었잖아. 넌 이게 최선이니?

> **민하** : 선생님, 문제 다 풀었어요.
>
> **교사** : 민하야, 혹시 문제 풀고 선생님한테 가져오기 전에 한 번 더 확인해봤니? (사실 확인하기) 이렇게 문제를 다 푼 다음에도 한 번 더 살펴보면서 더 노력할 것이 없는지 고민하는 것을 최선을 다하는 거라고 해. (최선이 무엇인지 가르쳐주기) 최선이 무엇인지 이해했니? (확인하기)
>
> 민하야, 선생님은 민하가 한 번 더 고민해보면 좋겠어. 가서 한 번 더 살펴보고 올래? (기대하는 행동 말하기)

이렇게 아이에게 기대하는 행동을 말해주어야 아이가 다음엔 그렇게 행동할 가능성이 높아집니다. 교사는 아이에게 화내지 않고 타박하지 않으면서도 해야 할 지도와 기대하는 행동까지 모두 말해주었습니다. 제대로 된 교육적인 효과를 얻을 수 있지요.

욕하는 아이에게
짚어주어야 할 것들

'욕하지 말라고 했지?' 대신

아이들이 욕을 자주 합니다. 듣다 보면 얼굴이 저절로 찌푸려질 만큼 욕을 잘하는 아이도 있어서 깜짝깜짝 놀라곤 합니다. 어떻게 지도해야 할까요?

아이들이니까 곱고 예쁜 말만 할 것 같지만 절대 그렇지 않지요. 얼마 전 일입니다. 아이들끼리 모여 있는 곳을 지나는데, 어떤 여자아이가 "○○, 걔 ○나 짜증 나지 않냐?"라고 말하더군요. 가던 길을 멈추고 "방금 뭐라고 했니?" 하고 물어보았습니다. 아이 얼굴이 새빨개지면서 우물쭈물하더라고요. 나쁜 말이고 욕이라는 걸 뻔히 알면서 했다는 뜻이겠죠.

말은 습관입니다. 우리가 평소에 상대와 편하게 주고받는 말을 한번 천천히 되짚어보세요. 자주 들어서 귀에 익고, 자주 써 봤던 말이 가장 쉽게 튀어나옵니다. 입버릇처럼 즐겨 쓰는 말이 있어서 우리가 의식하든 그렇지 않든 언제든 튀어나올 준비가 돼 있습니다.

욕이 딱 그렇습니다. 심한 경우, 자기도 모르게 입에 붙어서 말끝마다 형용사처럼 욕을 하는 아이도 있습니다. 이건 아이의 잘못이라기보다는 아이 주변에 욕을 자주 듣거나 쓰는 환경이 만들어져 있다고 생각하는 게 좋습니다. 아이는 그저 자주 들어서 익숙한 말을 자신도 모르게 거듭해서 따라하는 것일 뿐이니까요.

6학년 담임할 때 일입니다. 반에 욕을 아주 잘 하는 아이가 있었습니다. 몇 번을 야단했습니다. 그때마다 아이가 머리를 긁적거리면서 하는 말이, 자기도 모르게 욕을 하게 된다고 하더라고요. "혹시 부모님이 욕을 하니?" 하고 물었더니 그건 아니라고, "그럼 형제 중에 욕을 하는 사람이 있니?" 하니 그것도 아니라고 했습니다.

그때 이 아이와 친한 다른 아이가 말해주었습니다.

"선생님, 재민이 ○○ 게임 엄청 좋아하는데요. 게임할 때 옆에서 보면 채팅창에 욕이 많이 올라오더라고요."

"그래? 그럼 재민이도 채팅하면서 욕을 하는 거야?"

"저는 욕 안 하려고 하는데요. 다른 사람들이 다 욕을 하니까, 저도 모르게 같이 하게 돼요."

아이가 머뭇거리면서 해준 말이었습니다.

요즘 아이들이 자주 하는 게임이나 SNS, 유튜브 등에는 무분별하게 욕설과 비속어가 난무합니다. 이렇게 욕을 자주 보고 듣는 환경이라면 이걸 먼저 바로잡아야 합니다. 그렇지 않으면 욕이 입에 습관처럼 배어 좀처럼 좋아지지 않습니다.

이 아이는 게임을 먼저 줄이게 했고, 설사 게임을 하더라도 채팅창에 욕을 하지 않도록 학부모 상담까지 병행하면서 반복해서 지도했습니다. 나중에는 욕을 하지 않게 되었을 뿐 아니라 게임 중독도 함께 나아졌지요. 이런 식으로 아이의 행동을 바람직하게 바로잡고 싶다면 반드시 그 원인을 찾아서 지도해야 하고, 행동을 강화시켰던 지점을 함께 지도해야 합니다.

아이들은 욕이 무슨 뜻인지도 잘 모르고 따라서 합니다. 뜻을 알고 나면 질색하면서 안 하게 되는 경우가 대부분입니다. 다른 책에서도 언급했지만, 저는 학기 초에 칠판 가득 아이들이 아는 모든 욕을 브레인스토밍하게 했습니다. 아이들이 아는 욕을 다 적은 다음에는 하나씩 짚어가면서 뜻을 알려주었습니다.

어른이든 아이든 외국어든 한국어든 우리가 자주 쓰는 욕은 대부분 성적인 뜻을 담고 있습니다. 예를 들어 아이들이 자주 쓰는 '씨발'이라는 욕이 있습니다. 이 말은 '씹할'에서 왔습니다. '씹하다'의 사전적 의미는 '성교하다를 비속하게 이르는 말'입니다. 아이들이 강조하는 뜻으로 입에 달고 사는 말 중에 하나가 '존나'이지요. 이 말은 '좆'에서 왔습니다. '좆'의 사전적 의미는 '남성의 성기를 비속하게 이르는 말'입니다.

어떤가요? 무심결에 내뱉는 욕에 이렇게 저속한 뜻이 들어 있습니다. 알려주면 아이들이 깜짝 놀라서 입을 틀어막습니다. 욕은 뜻을 알고 나면 입에서 도저히 나올 수 없는 말이 됩니다. 저도 뜻을 알고 난 다음에는 단 한 번도 욕을 해본 적이 없습니다. 이건 도저히 인간에게 할 수 없는 말이라는 걸 분명하게 인지하고 있기 때문입니다.

이런 지도는 초등학생에게만 해당하는 것이 아닙니다. 욕을 못하게 하는 것보다 욕의 어원을 가르쳐주면 아이들이 욕을 덜 하게 된다는 연구 결과도 있습니다. 연구에선 일주일 동안 이런 내용을 영상과 그림 자료로 보여주면서 반복 지도했는데, 일주일 만에 학생들의 뇌파에 변화가 생겼다고 합니다.[4]

> 교사 : 뭐라고 했는지 말해볼래?
> 재민 : '○○ 짜증 나'라고 했어요. 복도에서 줄 서 있는데,
>   지수가 새치기했어요.
> 교사 : 재민아, 네가 아까 하고 싶었던 말이 뭐니?

재민 : 새치기해서 기분이 나쁘다는 말이요.

교사 : 그럼 욕 말고 다른 말로도 얼마든지 표현할 수 있구나. 다음엔 그렇게 네가 진짜 하고 싶은 말을 해보자. (기대하는 행동 말하기) 욕을 하면 상대방은 네가 하고 싶은 말이 무엇인지 몰라. 네가 한 거칠고 나쁜 말만 기억나거든.

욕하는 아이에게 짚어주어야 할 것이 하나 더 있는데요. 욕을 하면 상대에게 하고 싶은 말을 제대로 할 수 없다는 것입니다. 욕이라는 짧고 간결한 나쁜 말로 내가 하고 싶은 말을 다 덮어버립니다.

교사 : 재민아, 왜 욕 말고 다른 말로 표현해야 할까?

재민 : 기분이 나빠서요?

교사 : 나쁜 말을 들으면 당연히 기분이 나빠지지. 하지만 그보다 중요한 건 욕을 하면 네가 진짜 하고 싶은 말이 무엇인지 상대방이 알 수 없다는 거야. 지수는 네가 새치기한 것에 화가 났는지 잘 모르잖아. 그래서 자세하게 말해줘야 돼. 지수는 네가 말 안 해주면 네 마음을 잘 몰라. (기대하는 **행동 말하기**)

욕은 짧고 간결합니다. 화난 마음을 쉽게 표현해주죠. 어쩌면 아이에겐 긴 설명보다 한마디 욕이 더 빠르고 쉽게 분노한 감정을 전달하는 수단일 겁니다. 하지만 짧은 욕 대신 하고 싶은 말을 찾아서 표현해보려 애쓰는 것도 아이가 학교에서 배워야 할 부분 중 하나입니다. 여럿이 함께 어울려 놀고 공부하고 생활하는 공간에서 부딪치는 갈등을 그때그때 욕으로만 표출해버리면 분노만 쌓입니다. 다소 돌아가는 느낌이 들더라도 자신의 느낌과 생각을 천천히 제대로 표현하는 걸 배워야 할 필요가 있는 것이지요.

이렇게 진짜 하고 싶은 말이 무엇인지 스스로 생각해보고 말로 표현하는 것을 연습하게 해주세요. 꾸준하게 반복해서 지도하면 욕쟁이 아이도 점점 욕보다 말로 설명하려고 노력하는 모습을 볼 수 있습니다.

어긋난 친구 관계는
스스로 풀게 해주세요

'또 싸웠어?' 대신

평소에 자주 싸우는 A와 B가 있습니다. 놀 때는 그럭저럭 잘 놀다가도 금세 싸우곤 합니다. 하루는 앞으로는 아예 둘이 놀지 말고, 떨어져 지내라고 했습니다. 어떻게 말해야 서로 싸우지 않고 사이좋게 지낼 수 있을지 궁금합니다.

아이들끼리 다투는 이유는 어른들이 다투는 것과 다릅니다. 어른은 보통 누가 잘했는지 못했는지 시시비비를 가리는 상황에서 다툽니다. 심각하고 묵직한 원인이 있기 때문에 결과도 심각하고 묵직하지요. 다신 안 보고 사는 경우도 있고, 관계가 완전히 단절되는 경우도 있습니다.

아이들은 그렇지 않습니다. 사소하고 별것 아닌 일로 싸우고 토라지고 웁니다. 새 운동화를 처음 신고 왔는데 친구가 실수로 밟았다거나 지우개를 가져가서 바로 안 돌려줬다거나 하는 일로 싸웁니다. 방금 싸우고 언제 그랬냐는 듯이 같이 놀기도 합니다. 어른이 다시는 안 볼 것처럼 싸우고 실제로 인연을 끊어버리는 것과 전혀 다르죠.

이걸 오해하면 "그럴 거면 둘이 놀지 마. 넌 앞으로 저기 가서 놀아"처럼 말하게 됩니다. 어른들 싸움과 아이들 싸움을 똑같은 기준으로 생각하기 때문입니다. 아이들에게 "둘이 싸웠어? 불편할 거면 서로 아예 인연을 끊는 게 어때?"라고 말하는 것과 똑같지요.

이보다는 아이들이 서로 불편해하고 언짢아하기 쉬운 부분을 직접 짚어주고 설명해주는 게 더 효과적입니다. 상대가 어떤 부분을 왜 불편해하는지 정확하게 알아야 같은 실수를 반복하지 않습니다.

지훈이와 수형이 : (싸운 다음 씩씩대고 있다.)

교사 : 너희들 또 싸웠어? 선생님이 싸우지 말라고 했지? 너희 둘은 왜 이렇게 자주 싸우니? 앞으로 지훈이는 수형이 근처에도 가지 마. 알겠어?

교사 : 지훈아, 수형이가 말한 어떤 부분이 기분 나빴는지 말해줄래? (상황 파악하기)

지훈 : 수형이가 넌 《수학 익힘》 책을 왜 이렇게 늦게 푸냐고 한 말이 기분 나빴어요. 수형이가 익힘 책 천천히 푼다고 지난번에도 얘기했거든요. 오늘 또 그래서 기분 나빴어요.

교사 : 수형이가 익힘 책 천천히 푼다고 한 말이 기분 나빴구나. (감정 존중하기) 지훈이는 그 말이 왜 기분 나빴을까? (사실을 바탕으로 묻기)

지훈 : 수학 못 한다고 말하는 것 같아서요.

교사 : 수학을 못 한다는 말처럼 들렸구나. (감정 존중하기) 수형아, 지훈이가 수학 못 한다고 말하고 싶었어?

수형 : 그런 뜻으로 말한 게 아니라 왜 천천히 푸는지 그냥 말한 거예요.

교사 : 그러니까 수형이는 그냥 별 뜻 없이 말했다는 거구나. (감정 존중하기)

수형 : 네. 저는 지훈이가 저렇게 기분 나빠할 줄 몰랐어요.

교사 : 그럼 다음엔 어떻게 말하면 좋을까? (스스로 해결책 찾아보게 하기)

양쪽 아이의 감정을 모두 존중해줬고, 동시에 해결 방법도 스스로 찾아보게 했습니다. 아이들의 감정을 무시하지 않았기 때문에 아이들은 문제를 해결해가기 위한 실마리를 찾아갈 수 있었습니다. 이런 지도는 서로 안 놀기, 말 안 하기 같은 단순한 방법보다 시간이 걸리고 번거롭습니다. 그럼에도 장기적으로 봤을 때는 아이들끼리 서로 사이좋게 놀기 위한 밑거름이 되는 지도입니다.

이런 지도는 반복적으로 하는 게 중요합니다. 그래야 '내가 이렇게 하면 저렇게 결과가 나오는구나. 이런 행동은 안 하는 게 좋겠어'라는 미래를 예측하는 행동과 말이 만들어집니다.

상황을 객관적으로 바라보게 하는
인터뷰 놀이

교실을 평화롭게 만들기 위해서는 처음에는 교사가 직접 방향을 잡아주는 게 좋습니다. 시간이 지나면 점점 교실의 분위기가 평화적이고 민주적으로 자리잡히면서 아이들끼리 문제를 해결해가는 힘도 길러집니다.

저는 아이들끼리 문제를 해결할 수 있도록 다양한 방법을 썼는데, 그중 하나가 '인터뷰 놀이'입니다. 아이들끼리 인터뷰를 하면서 서로의 감정을 이해할 수 있도록 도와주고, 상황을 객관적으로 바라볼 수 있게 하는 놀이입니다. 인터뷰 놀이의 가장 큰 장점은 문제가 생겼을 때 주변에서 방관하고 있던 아이들이 적극적이고 긍정적으로 문제를 해결하려 노력하기 때문에 교사가 매번 직접 사건에 끼어들지 않아도 된다는 것입니다.

인터뷰 놀이 방법

① **잠깐, 멈춤**: 다투거나 싸우는 등 문제 상황이 생기면 더 진행되기 전에 누군가 '잠깐, 멈춤!' 하고 외칩니다.

② 인터뷰하기: 기분이 상한 아이, 기분을 상하게 한 아이를 대상으로 인터뷰를 시작합니다. 이 일과 관련이 없는 제3자인 목격자 아이가 인터뷰를 하는 게 자연스럽습니다.

③ 육하원칙으로 질문하기: 왜 그렇게 화가 났니? 무슨 일 때문에 속상했니? 언제 그런 기분을 느꼈니? 어디에서 그런 일이 있었니? 누가 널 마음 아프게 했니? 등을 묻습니다.

④ 육하원칙으로 대답하기
예) 아까 2교시 수학 시간에 재하가 내 옷에 지우개 밥을 떨어뜨렸어. 근데 그걸 치우지도 않았고, 나한테 미안하다고 안 해서 기분이 안 좋아졌어.

⑤ 공감해주기: '-구나'로 끝나는 문장을 써서 아이의 마음을 있는 그대로 공감하고 존중해줍니다.
예) 재하가 지우개 밥을 치우지도 않고, 미안하다고도 안 해서 기분이 안 좋았구나.

⑥ 마음 나누기: 인터뷰를 하고 나니까 기분이 어떻게 달라졌는지 서로 돌아가면서 말해보게 합니다.

격앙된 감정을 전환하는
시간의 의미

'너 지금 반항하는 거니?' 대신

반에 덩치도 크고 힘도 센 아이가 있습니다. 평소 다른 아이들과 트러블도 종종 있는 편인데, 이 아이가 위협하듯 말하면 아이들이 무서워하기 때문에 벌어지는 일이 대부분입니다. 심지어 저한테도 가끔은 아이가 대들듯이 말할 때가 있습니다. 교사를 무시하고 반항하는 것처럼 느껴져서 "너 지금 선생님한테 반항하니?"라고 화를 냈습니다. 하지만 말을 듣는 척만 하는 것인지, 효과가 그때 잠깐뿐이에요.

힘이 세고 덩치 큰 아이는 아마 어느 교실에나 있을 겁니다. 부드럽고 유순한 성격의 덩치 큰 아이도 있지만, 그렇지 않은 아이도 가끔 있습니다. 덩치가 큰 데다가 공격적인 성향까지 갖춘 아이라면 자신의 덩치와 힘이 다른 아이들에겐 위협적으로 다가간다는 걸 잘 압니다. 어릴 때부터 터득한 힘의 원리니까요.

이런 아이들에게 주요하게 작용하는 것은 당연히 힘입니다. 힘으로 친구들을 제압하고, 힘으로 친구들을 위협하는 게 잘 먹힌다는 걸 이미 경험적으로 알기 때문이죠. 때때로 이 아이들은 교사에게도 친구들에게 해왔던 것처럼 힘을 구사하는 방식으로 똑같이 행동하기도 합니다. 교사에게도 힘으로 밀어붙인다는 뜻입니다. 교사가 몸집이 작거나 왜소하다면 교사조차 이런 학생이 위협적으로 느껴질 수도 있습니다. 요즘은 아이들이 담임 교사보다 키가 크거나 덩치가 큰 경우도 많고요.

힘으로 상대방을 눌렀던 경험이 많은 아이는 어떻게 지도해야 할까요? 쉽게 생각하면 기를 꺾어버리면 될 것 같지만, 결과를 보면 그렇게 단순하지 않습니다. 교사가 똑같이 힘으로 맞받아치는 식의 지도를 하면 해결이 잘 안 됩니다. 감정적으로 세게 부딪치면 학생만 마음이 상하는 게 아니라 교사도 마음이 많이 상하기 때문입니다. 그렇다고 무작정 힘으로 누를 수도 없는 일이니, 교사로서는 이런 아이를 대하는 경우 상당히 힘이 들고 에너지가 소진되는 걸 느낄 수밖에 없습니다.

감정적으로 격앙된 상태에서는 서로 하고 싶은 말이나 생각을 전달하기 어렵습니다. 학생도 교사도 감정적으로 부딪쳤을 때는 감정을 가라앉히고 차분하게 이야기할 필요가 있습니다. 이건 학생과 교사뿐 아니라 어떤 인간관계도 마찬가지입니다. 극한 상태까지 치달았다 하더라도 한 박자만 마음을 다른 데로 돌리면 한결 나아집니다. 학급긍정훈육에서 '1-2-3 매직'이라는 표현을 쓰는 것도 이 감정 전환의 시간이 갖는 의미가 그만큼 중요하기 때문입니다.

저는 세수하고 오기, 100까지 수 세기 등을 추천합니다. 아무것도 따지거나 말하지 않고 그저 세수하고 올 정도의 시간을 만들거나 30까지 수를 세는 겁니다. 이렇게 찬물로 세수하기나 집중해서 숫자 세기처럼 화를 낸 상황과 전혀 다른 활동을 하게 하면 화나서 뾰족해 있던 마음의 방향이 살짝 틀어집니다. 성나 있던 마음이 어느새 누그러지지요. 이렇게 마음이 조금 느슨해진 상태에서 이야기하면 말하고 싶은 걸 제대로 짚어서 이야기할 수 있게 되지요.

> 교사 : 효민이랑 찬희랑 또 싸웠니? 말해봐. 왜 싸웠어?
>
> 효민 : 찬희가 제 필통 가져가서 마음대로 썼어요.
>
> 찬희 : 아이, 씨, 내가 언제…. (짜증 섞인 말투로 투덜댄다.)
>
> 교사 : 찬희 너 지금 뭐라고 했어? 그게 선생님 앞에서 할 소리야?

이렇게 교사가 먼저 감정적으로 반응하면 아이는 화가 났을 때 어떻게 표현해야 하는지 배울 기회가 없습니다. 힘으로 힘을 누르는 것은 아이에게 더 큰 힘을 키워야 한다는 식의 생각을 심어줄 뿐입니다. 잘못 표출된 힘의 방향을 돌려서 감정적으로 부드럽고 유연하게 반응하는 방법을 가르쳐주는 것이 더 바람직합니다.

> 교사 : 효민이랑 찬희랑 싸웠어? (객관적 사실만 말하기)
>
> 효민 : 찬희가 제 거 필통 가져가서 마음대로 썼어요.
>
> 찬희 : 아이, 씨, 내가 언제…. (짜증 섞인 말투로 투덜댄다.)
>
> 교사 : 찬희야, 그만. (낮은 목소리로 힘주어 말한다.) (아이의 행동에 선 긋기)
>
> 교사 : 찬희는 화장실 가서 세수하고 오자. 효민이는 기다렸다가 찬희 오면 그때 세수하고 와.
>
> 교사 : 찬희야, 세수했니?
>
> 찬희 : 네. (효민이를 보면서 씩씩댄다.)
>
> 교사 : 아직 마음이 안 가라앉았으면 복도에 가서 100까지 세고 와. 선생님이 기다려줄게.

일차적으로 마음을 가라앉혔다면 이제 이야기를 좀 더 자세하게 나눠보아야 합니다. 이 아이들에게도 억울하거나 속상한 부분이 있을 수 있습니다. 교사가 아이의 말에 귀를 기울이는 것을 보여주어야 아이도 교사를 믿고 이야기를 깊이 나눌 수 있습니다.

교사 : 어떤 일이 있었는지 천천히 이야기해보자. (상황 파악하기)

찬희 : 효민이 필통에 제 지우개가 들어가서 꺼내려고 했는데, 효민이가 자기 필통 만졌다고 화냈어요.

교사 : 그래서 어떤 기분이었어? (감정 찾아보기)

찬희 : 속상했어요. 억울했고요.

교사 : 속상하고 억울했구나. (공감하기) 찬희야, 다음에 비슷한 일이 생기면 그땐 어떻게 하면 좋을까? (스스로 해결책 찾아보게 하기)

찬희 : 속상하다고 말해요.

교사 : 그래. 찬희야. 네 마음이 어떤지 분명하게 말해줘야 친구도 네 마음을 알 수 있어. 다음엔 싸우지 말고 그렇게 말을 분명하게 해보자. 약속할 수 있을까? (꼭 안아주거나 손을 잡아주고 마무리한다.) (기대하는 행동 말하기)

덩치가 크고 싸움을 자주 해온 아이는 힘으로 해결하는 것 말고는 친구들을 어떻게 대해야 하는지 잘 모릅니다. 몰라서 못하는 것이니, 가르쳐주고 이끌어주어야겠지요. 반사적으로 튀어나오는 공격적인 반응들도 꾸준히 지도하면 얼마든지 달라집니다. 이런 아이가 눈곱만큼이라도 긍정적인 행동을 했을 때는 바로 격려하고 학급 모두가 모인 자리에서 공개적으로 칭찬해주는 게 좋습니다. 책임감과 신뢰의 무게를 알게 되면 아무리 아이일지라도 함부로 행동하는 것이 점점 줄어든답니다.

절대 긍정의 마음으로
아이를 바라봐야 하는 이유

'빨리 하라니까' 대신

이 아이는 수업 시간에 멍하니 딴생각에 빠져 있을 때가 많습니다. 해야 할 활동을 안 하고 있어서 얼른 하라고 하면 작은 소리로 "네"라고 대답만 하고 정작 행동은 안 합니다. 답답하고 애가 탑니다. 어떻게 말해야 아이를 움직이게 할 수 있을까요?

먼저 행동이 느린 아이와 답답한 아이는 살짝 다릅니다. 저는 학생의 반응을 기준으로 보는데요. 행동이 느린 아이는 느리게라도 반응이 있지만, 답답한 아이는 반응이 아예 없고 그냥 멍하니 앉아 있는 편입니다. 교사가 열 마디 물어보면 한마디 대답을 간신히 들을까 말까 하지요.

반응이 없고 답답한 아이는 2가지 요인으로 나눠서 생각해 볼 수 있습니다. 첫째, 무기력이 습관화된 경우입니다. 학습에서 자주 실패를 경험하여 무기력이 학습된 상태일 경우, 어려운 과제에 도전했다가 실패하느니 가만히 있는 쪽을 선택합니다. 덕분에 어지간해서는 활동에 참여하지 않고 조용히 있는 편입니다.

둘째, 산만한 경우입니다. 움직임이 지나치게 크고 활발하여 누구나 산만함을 알 수 있는 대놓고 산만한 학생이 있는가 하면 반대인 경우도 있습니다. 조용하게 산만한 아이입니다. 아이의 산만함이 눈에 잘 띄지 않아서 가정에서조차 주의집중이 약하다는 것을 모르는 경우가 많습니다. 수업 시간에도 혼자만 멍하니 다른 생각에 빠져 있는데요. 생각이 딴 길로 자주 새는 바람에 교사의 설명을 놓치고 안내를 따를 수 없어서 학습이 부진해지기도 합니다.

이 학생들은 행동의 단계를 쪼개서 안내해주는 게 좋습니다. 통으로 묶어서 안내하지 말고 아이가 따라올 수 있을 정도로 작은 활동으로 쪼개주는 것입니다. 행동이 답답하고 좀처럼 안 움직이려 해서 그렇지, 비교적 온순한 아이들이기 때문에 교사가 옆에서 하나씩 짚어주면 제법 잘 따라옵니다.

교사 : 《수학 익힘》 책 120쪽까지 풀어서 가져오세요.

찬이 : (혼자만 안 하고 있다.)

교사 : 찬아, 뭐 하니? 선생님이 익힘 책 풀라고 했잖아.

찬이 : 네. (필통을 느리게 꺼낸다.)

교사 : 찬아, 얼른 좀 하자. 빨리 연필 꺼내서 풀어. 다른 친구들은 벌써 두 쪽 넘게 풀었잖아.

교사 : 《수학 익힘》 책 120쪽까지 풀어서 가져오세요. 찬아, 선생님이 몇 쪽까지 풀라고 했지? (개별 확인하기)

찬이 : ….

교사 : 찬아, 120쪽까지 풀라고 했어. 찬이는 118쪽 풀고 선생님 한번 보여줄래? (해야 할 일 쪼개주기)

이렇게 행동을 쪼개서 안내하면 해야 할 일이 작은 단위가 되기 때문에 한결 부담이 덜합니다. 한 번에 30문제를 푸는 건 어렵지만, 5문제 푸는 것 정도는 집중해서 할 만한 일이 되기 때문입니다.

교사 : 《수학 익힘》 책 120쪽까지 풀어서 가져오세요. 찬아, 선생님이 몇 쪽까지 풀라고 했지? (개별 확인하기)

> 찬이 : ….
>
> 교사 : 찬아, 익힘 책 120쪽까지 풀라고 했어. 찬이는 10분 동안 문제 풀고 선생님한테 가져오렴. (다음 행동 알려주기)

행동을 쪼개서 안내하는 것처럼 시간을 쪼개서 안내해도 괜찮습니다. 중학년 이상은 정해진 시간 안에서 활동하도록 지도하면 아이들이 충분히 따라옵니다. 시간 개념이 아직 약한 저학년은 행동 단위로 쪼개주고, 시계를 읽을 수 있는 중학년 이상에서는 시간 단위로 쪼개주면 됩니다.

수업에서 가장 중요한 것은 아이가 자신이 해야 할 일이 무엇인지 분명하게 알고 교사의 지시를 잘 따르는 것입니다. 아이가 멍하니 앉아 있거나 혼자만 딴생각에 빠지는 일이 없도록 교사가 신경 써서 지도해줘야 합니다. 이때 신경을 쓴다는 것은 단순하게 관심을 갖는 정도가 아닙니다. 아이의 수준에 맞게 해야 할 과제를 알려주고 따라올 수 있도록 안내해주는 것이어야 합니다.

4장

적극적인 학습 태도를
길러주는

수업의 기술

소란한 아이들을 진정시키는
가장 효과적인 방법

'조용히 해!' 대신

아이들이 떠들 때마다 다른 반에 피해를 주는 것 같아서 민망하고 마음이 불편합니다. 조용히 하라고 소리를 지르는 것도 여러 번이고 아이들에게 번번이 어떻게 말해야 할지 잘 모르겠습니다.

전에 저도 똑같은 질문을 했던 적이 있습니다. 경력 4년 차, 복식학급을 2년 맡아서 가르치다가 대규모 학교로 발령받았을 때 교실이 너무 시끄럽게 느껴졌습니다. 상대적으로 복식학급처럼 학생이 적은 교실에서 학생이 많은 교실로 왔으니 더 그랬지만, 우리 교실은 정말로 유난히 더 시끄럽고 아이들이 소란스러웠습니다. 덕분에 유난히 귀가 쫑긋 서고, 옆 반에 민망한 일도 많았습니다. 우리 교실에서 이렇게 떠들면 다른 반에서 뭐라고 할까, 매일 걱정했지요.

하루는 고민 끝에 옆 반 베테랑 선생님 한 분께 물었습니다.

"선생님, 아이들이 떠들 때 어떻게 해요? 선생님 교실은 엄청 조용하던데요. 아이들 시끄럽게 뛰어다니는 것도 없고, 소리 지르지도 않잖아요. 저희는 모둠 토의만 해도 난리가 나요."

선생님은 그때 이렇게 가르쳐주셨습니다.

"말을 멈춰요. 그리고 아이들이 조용해질 때까지 침묵하면서 기다려요."

"말을 멈추라고요? 어떻게 기다려요? 그렇게 시끄러운데요."

선생님은 한 번만 해보면 안다면서 웃으셨습니다. 솔직히 그게 될까, 싶었습니다. 하지만 옆 반 교실을 내내 지켜본 터라 선생님의 경력과 지혜를 믿고 그대로 해보았습니다. 효과는 놀라웠습니다. 여느 때처럼 아이들이 시끌벅적해지길래 말을 멈추고 잠잠해지길 기다렸습니다. 처음엔 당황스러워하던 아이들이 어느 순간 거짓말처럼 조용해지더니, 저를 빤히 쳐다보더군요. 무언가 지시를 내려주기를, 아니면 여느 때처럼 웃으면서 장난쳐주기를 바라면서요.

그때 깨달았습니다. 소란한 아이들을 진정시키는 가장 효과적인 방법은 함께 소리를 지르는 것이 아니라 반대로 교사가 가장 먼저 진정하고 조용해지는 것임을요. 아이들이 떠들고 소리

지르는 어수선한 상황에서 이렇게 말해보세요.

교사 : 조용히 해!
→ 속으로 열만 세볼까? 입으로 세지 말고 속으로 세
는 거야. 마음속으로 조용히 열을 세어보자.

조용히 하라고 교사가 소리치면 아이들은 자신들도 소리쳐
도 되는 줄 압니다. 그보다 더 나은 것은 교사가 먼저 조용해지
는 시범을 보이고, 침묵을 지키는 것입니다. 이땐 "조용히 해"라
고 소리치지 말고 "속으로 열만 세어보자. 입으로 세지 말고 속
으로 조용히 세는 거야"처럼 말합니다.

열을 세는 동안 아이들은 침묵하게 되고, 이 침묵이 다른 아
이에게도 퍼져서 순식간에 호수에 파문이 일듯이 침묵이 전파
됩니다. 저는 여기에 침묵 신호를 추가해서 지도했습니다. 교실
은 제가 생각했던 것보다 훨씬 더 짧은 시간에 조용해질 수 있
었습니다.

침묵 신호 가르치기

1. 교사가 먼저 손가락을 세워서 입에 가져다 댑니다. 이때 아무 말도 하지 않습니다.

2. 교사의 침묵 신호를 본 아이 누구든 말을 멈추고 손가락을 세워서 입에 가져다 댑니다.

3. 가까이 있는 친구들에게 침묵 신호를 알려줍니다.

4. 친구들도 침묵 신호를 따라합니다. 침묵 신호를 교사가 풀기 전에는 말하지 않는 것이 원칙이므로 함께 침묵을 시작합니다.

5. 교사가 침묵 신호를 풀면 나머지 학생들도 함께 손을 내립니다.

6. 침묵 신호 보내기가 익숙해지면 교실 전체가 조용해지기까지 10초 남짓이면 충분합니다.

불필요한 설명과 지시를
반복하지 않는 비결

'같은 말을 몇 번 하게 하니?' 대신

수업 중간에 꼭 "다음에 뭐 해요?"라고 묻는 아이가 있습니다. 그때마다 "선생님이 아까 다 얘기해줬잖아"라고 대답합니다. 이럴 땐 어떻게 해야 아이가 질문을 안 하고 자기 일을 알아서 할 수 있을까요?

수업의 흐름을 깨뜨리는 말 중 하나가 "다음에 뭐 해요?"입니다. 교사 입장에선 이런 질문을 무시하고 넘어갈 수 없지만, 불필요한 설명을 하다 보면 나머지 학생들의 집중력도 이미 덩달아 흐트러진 다음입니다.

이런 경우는 교사가 수업 시간에 어떤 활동을 해야 하는지 정확하게 안내해주는 것이 좋습니다. 수업 초반에 칠판에 학습 목표와 해야 할 활동을 적어주고, 활동을 하나씩 짚어서 안내하도록 합니다. 학습 활동을 정확하고 명료하게 안내하면 수업하면서 불필요한 설명이나 지시를 반복할 필요가 없습니다.

처음엔 이런 안내가 번거로울지 몰라도 실제로 해보면 훨씬 효과적이란 걸 알 수 있습니다. 학생들은 수업에서 헤매는 일이 적어져서 불필요한 질문을 하지 않게 되고, 교사는 계획했던 수업의 흐름을 끝까지 잘 이끌어갈 수 있지요.

전체 안내는 친절하게 설명하는 것으로 수업 초반에 끝내고, 학생 스스로 교사의 안내와 지시를 따르게 하세요. 단, 일부 학생이 질문할 때마다 전체 학생을 주목시킨 다음 설명하는 건 바람직하지 않습니다. 나머지 아이들이 해야 할 활동 과제에 집중하기가 오히려 더 어렵기 때문입니다. 이럴 땐 도움이 필요한 학생에게만 살짝 귀띔하듯이 지도하는 게 더 낫습니다.

> **호민** : 선생님, 저 다했어요! 다음에 뭐 해요?
> **찬민** : 선생님, 저도 다 했어요! 뭐 해요?
> **교사** : 선생님이 아까 그거 다 하면 뭐 하라고 했어?

> **교사** : 호민아, 찬민아. 다 했니? 선생님이 칠판에 뭐라고 썼는지 읽어볼래? (힌트 주기)

> **호민, 찬민** : 《수학 익힘》 90쪽까지 풀기. (해야 할 일 스스로 찾아보게 하기)
>
> **교사** : 그래. 이제 무슨 일을 해야 할까? (힌트 주기)
>
> **호민** : 《수학 익힘》 90쪽까지 풀어야 돼요.

특히 주의집중력이 짧은 학생들은 교사가 하는 지시와 안내를 자주 놓치거나 흘려듣습니다. 수업 초반에 명료한 지시로 수업의 대략적인 흐름과 순서를 설명해주되, 주의집중력이 약하거나 산만한 학생은 따로 힌트를 주면서 수업에 잘 참여할 수 있도록 도와주는 게 좋습니다.

흔히 말하는 주의집중력은 주의력과 집중력 2가지를 합한 것입니다. 한 가지 일에 의도적으로 주의를 기울이는 주의력과 주의를 원하는 만큼 지속하는 힘인 집중력 2가지를 말하는데요. 주의집중력은 의도를 갖고 주의를 유지하려 애쓰는 능력이기 때문에 올바른 방법으로 연습하지 않으면 좀처럼 늘지 않습니다. 산만한 학생이 늘 산만한 것도 그래서입니다. 세심하게 지도하지 않으면 단기간에 효과를 보기 어려운 부분이지요.

산만한 학생들은 이름을 부드럽게 부르거나 "지우야, 선생님 보고 있니?"처럼 집중 정도를 따로 확인하면 좋습니다. 산만한 학생은 교사가 하는 말을 한 번에 곧바로 이해하는 걸 잘 못합니다. 아이가 잘 이해하고 있는지, 교사의 설명과 안내를 잘 듣고 있는지 티 나지 않게 점검하고 확인하세요.

> 지우 : 선생님, 이거 잘라요?
> 교사 : 지우야, 아까 선생님이 다 말해줬잖아. 몇 번을 물
> 어보니? 옆에 앉은 지수가 말해줘라.

> 교사 : 지우야, 아까 선생님이 무슨 말을 했는지 힌트를
> 줄까? 힌트는 가위야. 친구들 지금 뭐 하는지 살펴
> 보면 알 수 있어. (힌트 주기)
> 지우 : (친구들을 살펴본다.) 아, 맞다. 29쪽 자르라고 하셨
> 어요.
> 교사 : 그래. 다음부턴 친구들 먼저 살펴보고 물어보자.
> (기대하는 행동 말해주기)

　교사가 한 말을 학생이 자주 흘려듣는 경우는 이처럼 힌트를 주는 것도 좋습니다. 친구들이 하는 행동을 보면서 상황을 파악할 수 있고, 무슨 일을 해야 하는지 알아차리기도 하니까요. 이렇게 힌트를 주면서 교사가 안내하는 말을 해주면 아이 스스로 다음 행동이 무엇인지 찾아내고 방향을 잡아갈 수 있습니다.

아이의 성취 욕구를 높이는
교사의 좋은 피드백

'좀 성의 있게 해봐' 대신

제 설명이 어려운 것인지 아니면 아이들이 이해를 못 하는 건지 모르겠습니다. 수업 시간에 설명할 때마다 아이들이 잘 알아듣지 못합니다. 대충 과제를 해버리는 학생도 많아서 성의 있게 하라고 잔소리를 하곤 합니다. 어떻게 해야 할까요?

최근 원격 수업을 하면서 학생들의 학습 격차가 벌어진 것을 걱정하는 소리가 큽니다. 대면 수업과 비대면 수업에선 피드백 때문에 이런 차이가 생깁니다. 교사의 피드백은 구체적이고 적시적인 것이어야 하지만, 비대면 수업에서는 교사가 적절하게 피드백할 기회를 놓치기가 쉽습니다. 그만큼 학업 성취가 떨어지는 것이지요.

수업에서 가장 중요한 포인트라면 피드백이라고 강조해도 틀린 말이 아닙니다. 온라인 수업뿐 아니라 오프라인 수업에서도 정확하고 분명하게 적시에 피드백을 주어야 수업의 질을 끌어올릴 수 있습니다. 교사가 적절하게 피드백할 수 있다면 아이들의 학업 성취와 이해도는 놀라울 정도로 올라갑니다. 한 연구에서는 피드백과 보정이 잘 이루어지면 대부분 학생의 학업 성취가 상위 20퍼센트 학생과 같은 수준으로 올라간다고 말했을 정도입니다.[5]

이는 비단 학업 성취를 떠나서도 마찬가지입니다. 교실에서 학생들은 교사가 학생의 반응에 적극적으로 관심을 보이고, 귀 기울이는 것만으로도 존중받고 사랑받는다는 느낌을 갖습니다. 수업에 더 열심히 참여하고 적극적으로 노력하기도 하고요. 아이들에게 가장 자주, 그리고 가장 쉽게 교사의 경청하는 태도를 보여줄 수 있는 것이 피드백입니다.

그렇다면 어떤 피드백이 좋은 피드백일까요?

구체적으로 짚어주는 피드백입니다. "응. 잘했네" 같은 말은 피드백이 아닙니다. 무엇을, 어떻게, 왜 잘했는지 짚어주어야 합니다. 학생은 자신이 하고 있는 행동이 정확하고 올바른 방향으로 가고 있는 것인지 잘 모를 수 있습니다. 이런 부분을 구체적으로 짚어줘야 아이가 제대로 학습합니다.

> **시율** : 선생님, 다 썼어요.
> **교사** : 시율아, 이렇게 대충 쓰면 어떻게 해.

> **교사** : 시율아, 이 부분은 한 번 더 생각해볼까? (손가락으로 짚어주기) 이 문장을 쓸 때는 주어와 술어가 호응해야 한다고 했지? 시율이가 쓴 부분 한 번 더 읽어보자. 어때? (구체적으로 말하기)

나아진 부분을 말해주는 피드백도 좋습니다. 배우고 익히는 과정에서 아이들은 조금씩 성장하고 변화합니다. 전과 달라진 부분을 짚어서 격려해주는 것은 아이의 성취 욕구를 높이고, 학습에 적극적으로 참여하는 태도를 기르는 데 도움이 됩니다.

이렇게 말하려면 아이의 긍정적인 변화를 먼저 바라봐줘야 합니다. 그러려면 아이를 평소에 깊이 관찰하고 눈여겨보아야 겠지요. 그래야 눈곱만큼이라도 나아진 부분을 그때그때 바로 격려할 수도 있고요. 격려라고 해서 항상 길고 멋진 칭찬을 늘어놓을 필요는 없습니다. 웃으면서 아이와 하이파이브를 딱 소리가 나게 하는 걸로도 충분합니다.

> 민서 : 선생님, 저 다 풀었어요.
>
> 교사 : 여기 틀렸네. 가서 다시 풀어봐. (전과 비교해서 나
>
> 아진 부분을 언급하지 않았다.)
>
> → 민서야, 지난번에는 10개 중에 6개 맞았는데, 이
>
> 번엔 7개 맞았네. (달라진 부분 언급하기) 하이파이브!
>
> (격려하기)

학생이 하는 피드백도 중요합니다. 우리는 보통 교사가 학생의 과제물이나 활동 정도에 대해서 피드백하는 것만 생각하지만, 학생이 교사의 수업을 피드백할 수도 있고, 학생이 학생을 피드백할 수도 있습니다. 학생의 피드백은 수업 장면을 다각도에서 모니터링할 수 있고, 교사가 놓치는 부분까지 촘촘하게 챙길 수 있다는 큰 장점이 있습니다.

특히 학생 사이의 피드백을 활성화하면 여러 가지로 효과가 좋은데요. 교사가 다인수 학습에서 할 수 없는 자세하고 세심한 피드백을 오히려 학생들 사이에서 더욱 활발하게 주고받을 수 있습니다. 학생 피드백은 잘만 활용하면 교사보다 더 세심하고 다양하게 구체적으로 줄 수 있어서 무척 유용합니다.

저는 수업 시간에 학생 피드백을 활성화했습니다. 친구들이 발표하면 발표 내용과 태도, 방법에 대해 모둠이 함께 상의해서 다른 모둠을 별점 평가했습니다. 별점 평가를 발표할 때면 발표

한 모둠이 이해할 수 있도록 별점 평가 이유를 이야기하는 시간을 꼭 주었습니다.

> 시은 : 2모둠 발표에 우리 모둠이 준 별점 평가는 별표 3개 반입니다. 그 이유는 발표 내용을 성실하게 준비해왔고, PPT를 깔끔하게 만들었기 때문입니다. 별표 1개 반을 깎은 이유는 2모둠에서 발표에 참여하지 않은 친구가 2명 있었고, 민지 혼자 PPT를 만들었기 때문입니다. (잘한 부분과 아쉬운 부분을 말하고 있다.) 다음에는 모둠 친구들이 다 함께 참여하면 지금보다 더 잘할 것 같습니다. (기대하는 행동 말하기)

이렇게 하면 학생들이 서로의 활동을 보고 배우는 부분이 많아질 뿐 아니라 친구들의 발표를 더 주의 깊게 듣게 됩니다. 대충 듣는 둥 마는 둥 하면서 넘기던 발표 수업도 서로 배울 점을 찾아서 진지하게 격려하는 식으로 수업하게 되지요.

방관자 없는 수업을 위한 교사의 질문법

'누가 발표해볼까?' 대신

수업 시간에 학생들에게 질문할 때가 종종 있습니다. 주로 교사가 물어보면 반 학생 전체가 대답합니다. 이렇게 질문하면 한두 명에게만 대답할 기회가 돌아가서 반 아이들 발표를 다 들을 수가 없어요. 어떻게 해야 할까요?

올해 공개수업을 참관할 기회가 있었습니다. 24개 학급 공개수업을 보았는데요. 모든 교사가 똑같이 일대 다수의 질문을 하더군요. 교사가 전체 학생에게 물으면 학생 중 재빨리 손 든 학생이 대표로 답을 하고, 이 답을 들은 교사가 피드백해주는 식이었습니다.

교사가 교실에서 주로 하는 질문의 유형은 대상에 따라 크게

3가지로 나눌 수 있습니다.

첫째, 일대 다수로 묻는 유형입니다.

> **교사** : 자, 선생님 설명 다 이해했니?
>
> **학생들** : 네. (함께 대답한다.)
>
> **교사** : 36 하고 24를 곱할 때 무엇을 먼저 해야 된다고 했지?
>
> **학생들** : 30 하고 20을 곱해요. (함께 대답한다.)

이처럼 교사가 묻고, 전체 학생이 대답합니다.

둘째, 일대일로 묻는 유형입니다.

> **교사** : 고조선에서 꼭 기억해야 할 것이 몇 가지 있다고 했는데, 기억하는 사람? (손 든 학생 가운데 하나를 고른다.) 지영이가 말해볼까?
>
> **지영** : 8조법이요.
>
> **교사** : 또 없을까? (손 든 학생 가운데 하나를 고른다.) 이번엔 재호가 말해볼래?
>
> **재호** : 청동기 시대요.

교사가 묻고 학생 한 명이 대답합니다. 손을 든 학생 가운데 일부에게 발언 기회가 주어지고, 이 학생이 대표로 대답을 합니다.

이들 유형은 각각 장점과 단점이 있습니다. 먼저 일대 다수 질문 유형입니다. 일대 다수 질문 유형은 교사가 전체 학생을 대상으로 기본 개념을 설명하거나 학생들의 이해도를 파악하기 쉽습니다.

> **교사** : 선생님이 방금 설명한 거 이해했니? (학생을 둘러본다.) 그럼 선생님이 방금 설명한 거 잘 이해했다, 손 들어볼까? (손 든 학생 수를 파악한다.) 아직 이해 못 한 친구들이 많으니까 선생님이 한 번 더 설명해줄게.

다만, 이렇게 질문했을 경우는 전체적인 윤곽은 파악할 수 있을지 몰라도 학생들 개개인의 세부적인 이해도를 알기는 어렵습니다. 교사는 학생들을 전체로 뭉뚱그려서 이해했다, 안 했다 정도만 파악할 수 있지요. 이런 질문은 학생들 일부의 생각만 들을 수가 있고, 나머지 학생은 듣거나 딴생각을 하는 방관자가 되기 쉽습니다.

일대 소수 유형에서는 어떤 학생이 잘 이해하고 있는지를 교사가 파악할 수 있습니다.

> **교사** : 나머지 친구들도 방금 지혜가 설명한 거 들었니?
> 지혜가 아주 잘 이해하고 있네. 선생님이 정리해
> 서 말하자면….

그러나 이렇게 손을 들고 발표를 잘하는 학생들은 일부입니다. 전체 학생이 이렇게 빠르게 이해해준다면 좋겠지만, 대부분은 그렇지 않지요. 이런 경우는 교사가 생각하기에 오히려 나머지 학생들 전체가 다 이해한 것처럼 오해하고 수업을 진행하는 일이 더러 생길 수 있습니다.

그렇다면 수업에선 이 2가지 질문 유형을 적절히 혼합해서 구사하는 것이 학생들의 이해를 파악하면서 수업을 효과적으로 진행하는 데 도움이 되겠지요.

> **교사** : 선생님이 방금 설명한 부분을 짝에게 다시 한번
> 설명해보자.
> **학생들** : (각자의 짝꿍에게 설명한다.)
> **교사** : 짝꿍이 설명한 부분이 선생님이 설명한 것과 같
> 은지 손 들어볼까? (활동 참여를 확인한다.) 짝꿍의
> 설명이 어렵다고 생각한 사람 손 들어볼까? (이해
> 정도를 확인한다.) 그래. 그럼 어떤 부분이 어렵다고
> 생각했는지 이야기해줄래? (개별 의견을 듣는다.)

> **교사** : 고조선이 8조법을 만든 이유는 무엇이었을까? 짝
> 꿍에게 생각한 걸 이야기해보자.
>
> **학생들** : (각자 짝에게 생각한 답을 이야기한다.)
>
> **교사** : 서로 다 이야기 나눴으면 손 들어서 표시해줄래?
> (활동 참여를 확인한다.) 그래, 이제 짝하고 어떤 이
> 야기 나눴는지 친구들과 이야기해보자.
>
> **학생들** : (짝과 나눈 이야기를 발표한다.)

짝과 나눈 이야기는 다시 여러 형식으로 공유할 수 있습니다. 모둠 친구들과 나누고, 모둠에서 이야기를 정리한 다음 다시 전체 학생들에게 발표하는 형식으로 다양하게 나눌 수 있지요. 이런 방법은 일대 다수나 일대일의 질문, 발표와 달리 학생들이 서로 다양한 의견을 들어볼 수 있고, 생각해볼 여지를 많이 만들어줍니다. 더 많이 생각하고 더 많이 나눌 기회가 되지요.

교사의 질문은 대답할 여지를 어떻게 두느냐에 따라서도 달라집니다. 예를 들어서 "혜민아, 선생님이 도와줄까?"라고 물어보면 학생은 '예'나 '아니오'로만 대답하게 됩니다. 더 다양한 답을 유도하려면 어떻게 물어봐야 할까요?

> **교사** : 혜민아, 선생님이 무엇을 도와줄까?
>
> **혜민** : 선생님이 여기 잡아주면 제가 오를게요.

> **교사** : 혜민아, 선생님이 어떻게 도와주면 될까?
> **혜민** : 여기 잘 모르겠어요. 한 번 더 설명해주세요.

> **교사** : 혜민아, 선생님이 왜 도와줘야 하는지 말해볼래?
> **혜민** : 제가 혼자 하면 이 부분이 다 틀어지거든요. 선생
> 님이 도와주시면 안 틀어지고 예쁘게 색칠할 수
> 있을 것 같아요.

이것이 바로 열린 질문입니다. '왜, 어떻게, 무엇을'을 묻는 것이지요. 이렇게 질문의 유형을 다양하게 활용하면 학생들이 사고를 창의적으로 발전시키고, 문제해결력을 높이는 데 도움이 됩니다.

질문은 언제나 구체적이고 자세하게 물어보는 게 좋습니다. 구체적으로 자세하게 물어보면 구체적이고 자세한 답이 나오고, 추상적으로 물어보면 추상적인 대답이 나옵니다. 추상적인 질문으로 끝나버리면 아이들이 사고를 구체화시키고 현실로 연결시키기 어렵습니다. 추상적으로 질문했어도 구체적인 답으로 끌어오도록 짚어주면 좋습니다.

> **교사** : 세상에서 가장 아름다운 건 뭘까? (추상적인 질문)
> **해수** : 엄마의 사랑이요. (추상적인 답)

교사 : 그래, 해수는 엄마의 사랑이 가장 아름답다고 생
각하는구나. (의견 존중하기) 엄마가 사랑한다는 걸
언제 느꼈는지 말해줄 수 있을까? (구체적으로 묻기)

해수 : 엄마가 저를 안아주고 뽀뽀할 때요. (구체적인 답)

여기에서 한 걸음 더 나아가 다른 친구에게 생각이나 의견을
묻는 식으로 피드백을 주게 하면 좋습니다.

교사 : 방금 해수는 엄마가 안아주고 뽀뽀할 때 사랑한
다는 걸 느꼈다고 했어. (이해하기 쉽게 정리하기) 지민
이는 어떻게 생각하니? 지민이는 언제 그렇게 느
꼈는지 말해볼래? (다른 아이의 의견 묻기)

지민 : 저는 엄마가 맛있는 거 해줄 때요.

교사 : 지민이는 엄마가 맛있는 거 해줄 때 사랑을 느꼈
구나. (감정 존중하기) 지민이와 해수의 의견에 덧붙
이거나 더 이야기하고 싶은 게 있는 친구 이야기
해볼까? (다른 아이들에게 피드백 기회 주기)

학생들이 대답을 잘 못하는 경우는 대부분 교사가 질문을 잘

못 하기 때문입니다. 질문은 부메랑과 같습니다. 정확하게 던지면 정확하게 돌아옵니다. 문장이 길거나 수준에 안 맞거나 질문을 던지자마자 답을 요구하면 아이들은 대답을 잘 못합니다.

한 걸음 더 나아가기

학생들이 대답하기 어려운 질문 유형 5가지

1. 문장이 길다.

설명하는 말이 길거나 같은 말을 반복해서 하는 경우입니다.

교사 : 선생님이 앞에서 설명한 걸 바탕으로 다시 이야기하자면 고려의 삼별초는 고려 항쟁의 역사를 상징하고 있다고 생각할 수 있어. 그러면 삼별초의 역사적 의의도 고려 항쟁의 역사적인 의미와 함께 연결지어서 생각해볼 수 있겠지. 그러면 삼별초의 역사적 의의를 어떻게 볼 수 있을지 이야기해보자. (같은 말을 반복하고 있다.)

→ 삼별초의 역사적인 의미는 어떻게 말할 수 있을까? 2가지만 이야기해보자. (구체적이고 짧게 묻기)

2. 수준에 안 맞는다.

학생들 수준에 맞지 않는 어려운 어휘를 사용하거나 추상적인 어휘를 쓰는 경우입니다. 학생들 수준에 맞는 쉬운 어휘와 짧은 문장이 좋습니다.

3. 기다리지 않는다.

질문하고 나서 대답을 기다리는 시간이 지나치게 짧은 경우입니다. 적어도 답이 나올 때까지 7초 이상은 기다려주는 게 좋습니다.

4. 전체를 대상으로만 묻는다.

전체를 대상으로 하는 질문은 전체적인 이해를 확인하는 정도의 의미 말고는 없는 경우입니다. 특정 학생에게 묻거나 학생들이 서로 묻고 답하거나 하는 정도로 변화를 꾀하는 게 좋습니다.

5. 교사 혼자 묻고 혼자 답한다.

답이 곧바로 나오지 않을 경우 교사가 혼자서 답을 해버리는 경우가 있습니다. 그보다는 답을 유도해내는 질문을 다시 생각해보는 게 좋습니다.

아직 상황에 맞게
행동하지 못할 수 있어요

'그걸 꼭 말로 설명해야 해?' 대신

> 눈치 없는 아이가 있습니다. 다른 아이들은 선생님이 지금 화났나, 기분이 좋은가, 눈치껏 행동하는데 이 아이만큼은 뭐가 뭔지 모르는 듯 있습니다. "그걸 꼭 말로 설명해줘야 알아?"라는 소리가 저절로 튀어나옵니다.

아이들 가운데에는 정말로 눈치 없이 행동하는 아이가 있습니다. 다른 아이들은 눈치껏 선생님이 기분이 좋다, 안 좋다 헤아려서 알아서 조용히 하거나 알아서 청소하거나 하는 식으로 행동하는데 유난히 분위기 파악을 못 하는 아이도 있지요.

이런 경우는 저학년 교실에서 자주 볼 수 있습니다. 저도 저학년을 담임했을 때 아이들이 너무 해맑게 말썽을 부리는 걸 보면서 기겁했던 적이 있습니다. 담임 선생님이 분명 친구한테 화를 내면서 야단을 하고 있는데도 한쪽에선 하품을 늘어지게 합니다. 교사의 잔소리를 듣다가 느닷없이 "화장실 언제 가요?" 하고 묻는 식이었습니다. 교실의 분위기와 상황과 관계없이 자신이 하고 싶은 말이나 행동을 해버리는 것입니다.

이런 아이들에게는 화를 내거나 잔소리해도 달라지지 않습니다. 아직 주변을 헤아리고 분위기를 알아차리고 어떻게 행동해야 한다는 식의 상황을 판단하는 능력이 떨어지기 때문입니다.

"선생님이 지금 화난 거 안 보여?" "선생님이 이런 것까지 꼭 말로 해야 알아듣니?" 하면서 교사가 화를 내도 달라지지 않습니다. 분위기와 상황을 판단하는 능력은 시간이 걸려서 발달하는 능력이기 때문입니다.

학자들은 인간이 주변 상황을 해석하고 판단하여 자신의 행동을 스스로 통제할 수 있는 능력을 자기조절능력 또는 자기통제능력이라고 부릅니다. 우리 뇌의 사령탑과 같은 전두엽이 발휘하는 최고의 사고 능력으로 '내가 지금 이 상황에서 이렇게 행동하면 어떤 결과가 나오겠구나' 같은 논리적인 예측을 할 수 있어야 가능한 부분입니다.

자기조절능력과 자기통제능력은 사춘기가 지나서 성인이

될 때까지 시간이 걸려서 천천히 발달하는 능력입니다. 초등학생이나 중학생 시기는 아직 자기조절능력이 부족할 뿐 아니라 한창 발달하는 중이죠. 이 시기 아이들은 분위기를 파악하고 분위기에 맞게 행동하거나 말하는 것이 잘 안 될 수밖에 없습니다. 안 하고 싶어서 안 하는 게 아니라 못 하는 것이라고 봐주는 게 좋겠지요.

> **교사**: 선생님이 이런 걸 일일이 설명해야 아니? 이럴 땐 좀 조용히 있을 순 없니?
> → 선생님이 지금 해야 할 일이 좀 많아. (상황 설명하기)
> 선생님이 바쁠 때는 조용히 기다려주면 좋겠어.
> (기대하는 행동 말하기)

아이가 눈치껏 따라주지 못할 때 교사가 이런 식으로 하나씩 기대하는 행동을 짚어주는 게 좋습니다. 교사의 감정이나 상황을 설명하고 아이들에게 바라는 행동을 이야기해줘야 아이가 교사의 마음을 헤아려줍니다. 특히 초등 저학년 담임은 더욱 그렇습니다. 아이들이 아무리 설명해도 잘 이해하지 못하고 못 따라주는 경우가 태반입니다. 눈치가 없고 뭐가 뭔지 잘 모르는 아이는 아직 상황을 판단하는 능력이 떨어진다고 생각하고, 교사가 친절하게 안내하는 쪽이 낫습니다.

아이들의 집중력을 고려한
시간표 짜기

'수업 시간에 하품하면 어떡해' 대신

아침 1교시에 수업할 때마다 하품하는 아이가 있습니다. 밤에 늦게 자는 버릇이 있어서 아침에 졸려 하는 것 같은데, 그러지 말라고 말을 해도 달라지지 않습니다.

여러분은 수업 시간에 자는 아이를 본 적이 있으신가요. 저는 가끔 이런 아이들을 봅니다. 아이들이 가장 졸려 하는 시간대가 있습니다. 크게 나누면 아침 1, 2교시와 오후 5, 6교시입니다. 아침 시간에 졸려 하는 아이들은 보통 잠이 부족하거나 아직 잠이 덜 깬 경우입니다. 이런 아이들은 아침 1, 2교시에 집중해서 해결해야 하는 과제가 주어지는 과목을 수업하면 특히 더 힘들어합니다. 잠에서 깬 지 얼마 되지 않아서 활동성이 떨어지기 때문입니다.

이와 다르게 5, 6교시는 활동성이 지나치게 높아진 다음이라 아이들이 피곤해하는 경우가 많습니다. 점심시간에 너무 신 나게 뛰어노는 바람에 에너지가 뚝 떨어진 상태가 된 것이죠. 비교해보면 아침엔 졸려 하는 것이고 오후엔 피곤해하는 점이 다릅니다.

초등학생들이 수업 시간에 여러 이유로 졸려 하는 것과 달리 중·고등학교 교실에선 아예 대놓고 자는 학생도 더러 있습니다. 세계적인 교육학자 성열관은 《수업 시간에 자는 아이들》에서 수업 시간에 반항적인 행동을 하거나 수업에 참여하지 않는 학생은 다른 나라에서도 찾아볼 수는 있지만, 수업 시간에 대놓고 자는 학생은 대한민국에서만 볼 수 있는 매우 독특한 사례라고 말합니다. 다른 나라에서는 수업에 참여하지 않거나 수업을 방해하는 경우는 더러 있어도 학생이 아예 대놓고 자는 일은 없다고 말입니다.

만약 중·고등학생이 수업 시간에 잔다면 학습된 무기력인지, 교실에서 적절한 관계를 맺지 못하고 겉도는 관계 부재는 아닌지, 지나친 학업 스트레스 때문은 아닌지, 수업을 방해하는 행동은 아닌지 교사가 세심하게 살펴보는 게 좋습니다.

그런 경우가 아니고, 단순하게 졸려 하는 것이라면 원인에 맞게 지도해주는 게 좋습니다. 먼저 오후 수업 시간에 졸려 하는 아이가 많으면 시간표 배정을 다시 고려해보는 게 좋습니다. 신나게 뛰어논 다음 아이들은 쉽사리 흥분을 가라앉히기 어렵습니다. 몸은 상대적으로 에너지가 떨어지고 과제는 수행하기 어려운 상태가 됩니다.

이런 경우는 아예 시간표를 다시 바꿔주면 좋습니다. 활동성이 최고조에 달했을 때 갑자기 집중력이 필요한 진지한 과목으로 돌아오게 하는 게 아니라, 몸을 가볍게 푸는 만들기나 그리기 같은 활동을 하게 해서 수행 과제에 집중하기가 어렵지 않도록 하는 겁니다. 이렇게 하면 아이들이 훨씬 수월하게 수업에 참여할 수 있게 됩니다.

학급마다 분위기와 형편이 조금씩 다르긴 해도 상대적으로 집중이 잘 되는 시간대가 있습니다. 이런 시간대는 놓치지 말고 주요 과목이나 어려운 과목을 배정해서 활용하면 학업 성취가 좋아집니다. 같은 과목 안에서도 어려운 단원이 나올 때는 시간표를 바꿔서 운영하는 식으로 융통성을 발휘해주는 것도 좋습니다.

아이들은 신체 활동에 쓸 에너지가 어른보다 적습니다. 쉽게 피곤해지고 지칠 수 있지요. 게다가 피곤해졌다고 그걸 잘 참아낼 만큼 정신적으로 성숙하지도 않기 때문에 수업 시간에 하품하기 일쑤지요.

아이의 신체적인 에너지와 활동력이 떨어진 상태에서는 야단하거나 잔소리를 한다고 해서 하품을 덜 하지도 않을 뿐더러 바짝 집중한 상태로 빠르게 전환되지 않습니다. 그보다는 에너지를 비축하게 하거나, 아이의 주의를 환기시키고 신체 활동을 높여주는 등 다양한 방법을 시도하는 것이 더 효과적입니다. 너무 졸려서 수업이 도저히 안 될 상황이라면 과감하게 보건실에서 쉬고 오게 하는 것도 좋습니다.

반면 아침에 졸려 하는 아이들은 아직 잠이 덜 깬 상태인 경우가 많습니다. 늦게 일어나서 아침을 굶은 아이라면 아직 뇌가 활동할 만큼 깨어나지 않은 상태이므로 이런 경우는 뇌를 자극해서 몸을 깨워줄 필요가 있습니다.

아이의 주의를 환기하고 졸음을 쫓는 데 가장 좋은 것은 달리기입니다. 적당히 빠른 걷기나 달리기는 뇌를 자극하고, 온몸의 혈액순환을 촉진시키는 효과가 있기 때문입니다. 《운동하는 뇌》에서는 아침마다 학생들에게 숨이 헐떡거릴 정도로 달리기를 시켰더니, 학업 성취가 올라갔다는 연구 결과를 보여주기도 했습니다. 졸려 하는 아이를 깨우는 데는 교사 잔소리보다 달리기가 더 효과적일 수 있다는 뜻입니다.

[아침 1교시]

지혜 : 아, 졸려. (하품을 늘어지게 한다.)

교사 : 지혜야, 입이라도 막고 하품해야지. 그게 뭐니? 수
업 시간에 그렇게 지루해하면 어떻게 해.

교사 : 지혜야, 졸려? 그럼 일어나서 가볍게 몸을 흔들어
보자.

지혜 : (자리에서 일어나서 몸을 가볍게 털어준다.)

교사 : 아직 몸이 덜 풀렸다 싶으면 운동장에 나가서 3바
퀴만 뛰고 와도 돼.

아침에 일찍 일어나서 밥까지 든든하게 챙겨 먹고 오는 아이
는 확실히 수업 집중도가 높습니다. 전에 EBS 다큐프라임에 출
연했을 때 제가 교실에서 와플을 굽는 장면이 나왔는데요. 교실
에서 굳이 와플을 구웠던 것도 사실은 아이들이 배고파하면 공
부가 잘 안 된다는 걸 알고 있기 때문이었습니다.

저는 아침에 와플 굽는 것 말고도 운동장에서 가볍게 3바퀴
뛰기 같은 과제를 준 다음 교실에서 암산 문제 5개 풀기처럼 간
단한 과제를 해결하게 했습니다. 집중도가 가장 떨어지는 5교
시에는 미술 수업(그림 그리기, 자잘한 만들기 활동이 있는 수업) 또

는 과학(실험 단원)처럼 아이들이 정적인 일에 집중하는 일이 적은 과목이나 단원을 배치했습니다. 하품하는 아이를 줄이는 최고의 방법이었다고 생각합니다.

장난꾸러기를 수업에
참여시키는 현명한 방법

'장난치지 말라니까' 대신

매사 까불까불하고 진지한 면이 없는 아이가 있습니다. 수업 시간에 친구들에게 가벼운 장난을 치거나 농담을 던지느라 집중도 잘 못합니다. 조금만 수업 내용이 어려워져도 지루해하면서 하품을 하기 일쑤고, 수업과 상관없이 아무 말이나 농담처럼 던지는 탓에 수업 흐름이 자주 깨집니다. 장난하기를 좋아하고, 농담하는 것만 즐기는 아이는 어떻게 말해주어야 할까요?

까불까불하고 장난치기 좋아하는 아이, 얼굴은 장난기로 가득하고 금방이라도 까르르 웃음을 터뜨릴 것 같은 아이. 머릿속에 그려지시지요? 창작 동화의 주인공으로 자주 등장하는 장난꾸러기는 어느 교실에서나 만날 수 있는 흔한 유형입니다.

이 아이들은 명확하게 행동에 선을 긋지 않으면 문제 행동으로 발전하는 일이 많습니다. 교사가 장난에 약간만 맞장구쳐도 금세 더 웃긴 행동과 말을 쏟아내지요. 수업과 관계없는 질문을 하거나 우스개를 던지는 식으로 수업을 방해하기 일쑤이고요. 교사가 이 상태에서 적절히 컨트롤하지 못하면 심한 경우 갑자기 일어나서 춤을 추거나 의자에 올라가 소리를 치는 아이도 있습니다.

장난이 일상인 아이는 되는 행동과 안 되는 행동을 명확하게 알려주는 게 좋습니다. '적절한 수준까지는 받아줄 수 있고, 충분히 함께 즐길 수 있지만 이보다 더하는 건 안 돼'라고 분명하게 메시지를 주는 것입니다.

이때 적절한 수준이란 받아들이는 사람이 웃을 수 있는 정도를 말합니다. 장난과 농담은 때와 장소를 가리는 것이어야 상대가 웃을 수 있고, 너그럽게 받아줄 수 있습니다. 이보다 지나치면 아이들 가운데 누군가는 불쾌해질 수 있습니다. 교사는 교사대로 제대로 수업을 진행하기 어려워지고요. 아이 스스로 이 선이 어디까지인지 깨닫지 못하면 계속해서 장난을 치려 하고, 농담을 던지려 들 것입니다.

한솔 : 선생님, 재하가 제 머리 갖고 장난쳐요.

재하 : 선생님, 한솔이 머리에 우유 묻었어요. 진짜 웃기죠.

교사 : 재하야, 지금 수업 중이잖아. 수업 시간엔 친구들
한테 장난치면 안 돼. 너 그렇게 자꾸 까불래?

교사 : 재하야, 그만. (낮고 분명한 목소리로 말한다.)

재하 : 그게 아니라 한솔이 머리가 웃겨서요.

교사 : 재하야, 그만. (낮고 분명하게 말한다.) 선생님이 수
업하고 관계없는 이야기는 하면 안 된다고 말했
어. (아이의 행동에 선 긋기)

　가볍게 행동하고 장난치는 걸 즐기는 아이는 즐거움과 재미
를 좋아합니다. 재미있는 일이라면 어디든 끼어들고 금방이라
도 춤이라도 출 것처럼 살짝 흥분된 상태입니다. 그만큼 쉽게
지루해하고 재미없어하기 때문에 그 욕구를 들여다보고 해소
해주는 게 중요합니다.

　이 아이들에게는 주변에 놀잇감이 있는 게 좋습니다. 교실에
서 가볍게 놀 수 있도록 다양한 보드게임, 주사위놀이, 공기놀
이, 카드놀이 같은 걸 준비해두고 틈날 때마다 놀 수 있게 해주
세요. 어렵거나 복잡한 놀이는 금방 싫증을 내기 때문에 그보다

는 금방 결과를 보고 성취감을 느낄 만한 거리를 다양하게 제공해주는 게 좋습니다. 저는 100피스 퍼즐, 200피스 퍼즐 등 다양한 퍼즐을 준비했다가 퍼즐을 맞추게 하거나 아예 수업 주제와 연계해서 보드게임을 직접 만들어보게 하기도 했습니다.

수업 시간에도 재미있는 게임 같은 활동을 연계해서 학습 주제에 관심을 갖게 해줘야 합니다. 물론 이런 아이 몇몇을 위해서 교사가 수업 시간마다 계속 게임을 하거나 레크리에이션을 할 필요는 없습니다. 다만, 어느 정도 재미의 욕구가 채워져야 수업에 참여하는 태도가 나아진다는 걸 교사가 이해하고 있는 것이 중요합니다.

5장

학부모와
한 걸음 가까워지는

소통의 기술

> ## 학부모와 교사의
> ## 언어는 달라요

학부모가 요구하는 게 너무 많아서 다 들어주기가 힘들어요. 주말 아침이나 저녁 늦게 다음 날 수업 준비물이 무엇인지 물어보는 학부모가 있는가 하면, 아이들 학교생활을 사진으로 올려달라는 학부모도 있습니다. 학부모들의 이런 요구를 어디까지 들어줘야 할까요? 만약 거절한다면 어떤 식으로 말하는 게 좋을까요?

어느 지역 초등 1정 학급경영 강의에서 들었던 질문입니다. 교사에게 가장 껄끄럽고 불편한 상대라면 저는 단연 학부모를 꼽습니다. 제가 교직 경력 6년 차일 때, 학생들끼리 안전사고가 일어났던 적이 있습니다. 이때 양쪽 부모가 번갈아가며 학교에 매일같이 찾아왔습니다. 나중엔 쌍방 고소를 하기에 이르렀습니다.

그때 교사로서 겪었던 스트레스는 이루 말할 수 없이 컸습니다. 학교를 그만두고 싶을 만큼 괴로웠습니다. 그 일이 있고 한동안 학부모 비슷한 사람만 봐도 가슴이 두근거리고 손바닥에 저절로 땀이 고였습니다. 그 까닭에 교사로서 학생들 가르치는 내내 학부모가 불편했고, 어려웠습니다. 학부모에 대한 트라우마를 극복하기까지는 정말로 한참의 시간이 걸렸지요.

학부모들이 교사를 불편하게 만드는 이유는 몇 가지가 있습니다.

첫째, 학부모는 교사를 간접적으로 경험합니다. 담임 교사가 어떤 사람이고, 어떤 가치관으로 어떻게 가르치는지, 어떤 과목을 제일 잘 가르치는지, 왜 오늘 수업을 끝내고 이런 과제를 냈는지, 이런 학급에서 벌어지는 모든 일을 잘 모릅니다. 그저 아이들 입을 통해서 하루 있었던 일을 짐작하고, 아이들 눈을 통해서 교사의 실체를 미루어 추측하지요.

둘째, 교사와 학부모는 학생을 가운데에 두고 있습니다. 교사는 학생을 잘 가르치려 하고, 학부모가 그에 협조하길 바랍니다. 학부모는 교사가 학생을 잘 가르쳐주길 기대하고 이왕이면 우리 아이를 예뻐해주면 좋겠다고 생각합니다. 서로의 요구가 학생이라는 구심점을 두고 팽팽하게 작용하기 때문에 일종의 힘겨루기처럼 느껴지는 상황이 종종 벌어집니다.

셋째, 학생과 다르게 학부모는 길게 대화하고 오래 얼굴을 보는 대상이 아닙니다. 학부모와 교사가 오래 얼굴을 보며 이야기하는 건 1년에 몇 번 안 됩니다. 한 학기에 한 번 10분 남짓한 짧은 시간 상담을 하는 게 전부입니다. 서로 매일 얼굴을 보는 사이여도 속을 잘 모르는데, 이렇게 잠깐 만나는 게 전부라면 서로를 이해하고 싶어도 할 수가 없지요.

이런 여러 원인을 생각한다면 학부모가 왜 교사에게 무리한 요구를 하는지도 이해할 수 있을 겁니다. 안타깝지만, 그런 학부모는 대부분 자신이 교사에게 무리한 요구를 하고 있는지조차 모릅니다. 교사가 서비스 회사의 콜센터처럼 24시간 대기해야 하는 사람이 아님에도 그렇게 대하는 것이지요.

이런 학부모들은 어느 교실에나 있을 수 있습니다. 이런 경우도 처음부터 분명하게 선을 그어주는 게 좋습니다. 이건 되고, 이건 안 됩니다, 라고 교사가 먼저 명확하고 분명하게 딱 잘라서 말해주는 것이지요. 이런 선은 학생과 교사 사이에도 필요하고, 교사와 교사 사이에도 필요하고, 교사와 학부모 사이에도 필요합니다. 학부모가 말한다고 해서 모든 이야기를 다 들어주거나 모든 요구에 예스라고 답할 필요도 없습니다.

요즘은 업무폰을 사용하거나 개인 연락처를 아예 안 가르쳐주는 교사가 많습니다. 교사 연락처를 모르는 학부모가 교무실로 전화하는 일도 많지요. 사실 교사가 업무폰을 써야 할 정도로 개인 생활을 침해받는다는 것 자체가 지금 대한민국 교권의 현주소라고도 생각합니다. 업무폰을 쓰든 개인 연락처를 가르쳐주든 교사 스스로 용인할 수 있는 것과 아닌 것의 한계를 그어주고, 그걸 원칙적으로 지켜가는 게 좋습니다.

저는 학기 초에 가능한 요구와 그렇지 않은 요구를 학부모에게 명확하게 설명했습니다. 아이의 안전에 관련된 사항은 담임 교사에게 곧바로 연락하는 것이 누가 봐도 맞습니다. 아이가 놀다가 사고가 났다거나 학교폭력으로 누군가에게 맞았거나 하는 상황에서 담임 교사가 아무 조치도 취하지 않는다면, 심각한 경우 법적인 책임을 져야 하는 상황이 생길 수도 있습니다. 위급한 상황에선 담임 교사가 곧바로 상황을 파악하고 수습을 시작하는 게 좋습니다. 그렇지 않은 경우는 다음 날 아침까지 기다렸다가 연락해야 하고요. 그밖에 자잘한 일들은 이미 학생을 통해서 안내한 다음이니 가정에서 알아서 해결하는 게 좋겠지요.

저는 이런 예외적인 경우가 아니고서는 아무리 늦어도 8시 이후에 연락하는 일이 없도록 예의를 갖춰달라고 학기 초에 학부모들에게 정중하게 부탁했습니다. 아이가 심하게 다치거나 많이 아픈 게 아니라면 담임 교사도 집에서 여러분과 똑같이 아이들을 돌보고 살림할 수 있게 배려해달라고 부드럽게 말했습니다. 통화가 편한 시간대를 알려주고 그때 전화하면 여유 있게 답할 수 있다고도 말해주었고요.

대신 저희 교실에서는 굳이 전화나 문자가 아니어도 학부모와 소통할 수 있는 창구가 다양하게 열려 있었습니다. 학급에서 일어나는 소소한 이야기들을 간략하게 전달하는 식의 학급 일지를 매일 써서 학급 홈페이지에 올려주었고, '세상을 바꾸는 시간 15분'에 출연했을 때 소개한 것처럼 하루에 1명에겐 칭찬 문자 보내기, 한 주에 1명에겐 칭찬 전화하기, 한 달에 한 번은 학급 전체에 통신문을 보내서 답장받기 같은 다양한 창구를 열어두었습니다.

이런 덕분에 전화나 문자가 아니어도 학부모들이 긴밀하게 연락하고 소통할 수가 있었습니다. 제가 개인적인 생활을 전혀 침해받지 않으면서도 학부모와 관계를 잘 유지할 수 있었던 까닭이었지요.

> **학부모** : 선생님, 늦은 시간에 죄송한데요. 월요일 사회 시간에 준비해오라고 한 게 원고지가 맞나요? 아닌 것 같은데 아이가 자꾸 사회 시간 준비물이라고 하네요. 답변 부탁드립니다.

이때 답을 해야 할까요, 말아야 할까요? 문자 내용이 아무리 간곡하고 부드러워도 안 하는 게 좋습니다. 학기 초에 늦은 시간이어도 연락이 가능한 특별한 예외적인 사례를 알려주었고, 그 밖에는 연락이 와도 답하지 않겠다고 말해두었으니까요. 그 원칙을 연중 지키는 것입니다.

> **학부모** : 선생님, 늦은 시간에 죄송한데요. 은혁이가 열이 많이 나네요. 코로나 검사하러 가야 해서요. 내일 등교가 어려울 것 같습니다.
> **교사** : 은혁이가 열이 많이 나나요? 안 그래도 학교에서도 많이 안 좋아 보였습니다. 제가 생각할 때도 코로나가 아닌가 싶었는데요. 내일 등교는 안 해도 좋고….

> **교사** : 은혁이가 열이 많이 나는군요. 내일 등교도 어렵고요. 잘 알겠습니다.

이 경우는 시간이 늦었어도 교사가 답을 해주는 게 좋겠지요. 이때도 긴말이 필요하지는 않습니다. 학부모의 말을 그대로 받아서 짧게 되짚어주세요. 이건 상대를 존중하는 태도를 보이는 표현입니다. 이에 따른 적절한 조치는 다음 날 출근해서 하면 됩니다.

비단 학부모뿐 아니라 일반적으로 무례하게 말하고 함부로 행동하는 사람은 자신이 그런 사람인지 잘 모릅니다. 이런 사람들은 자신의 행동이나 말을 객관화해서 돌이켜 생각할 줄 모르는 것이지요. 그렇기 때문에 누군가에게 무례하게 굴 수 있는 것이고요. 이런 사람 때문에 상처받고 마음 아파하지 않았으면 합니다. 그렇게 하기엔 여러분은 너무 소중한 사람이니까요.

친절하게 말한다는 것의 2가지 의미

학부모와 너무 친해도 안 되고, 너무 멀어도 안 된다는 이 야기를 들은 적이 있습니다. 친구처럼 지내는 것도 아닌 것 같고, 그렇다고 너무 멀게 대해서도 안 될 것 같은데 요. 그렇다면 학부모와는 어떤 식으로 말해야 할까요?

전에 《선생 하기 싫은 날》이라는 교육 에세이에서 저는 학부 모와 교사의 관계를 불가근불가원(不可近不可遠)이라고 썼습니 다. 학부모는 교사와 너무 멀어도 안 되고, 너무 가까워도 안 되 는 관계입니다. 너무 멀면 학생을 위해 깊은 이야기를 나눌 수 없을 뿐 아니라 대할 때마다 불편합니다. 또 너무 가까우면 자 칫 교사의 공적인 생활 이외의 것까지 침해받을 수가 있지요.

이렇듯 지나침이 없는 관계의 균형을 잘 지키는 것이야말로 학부모와 교사의 관계에서 가장 기본적으로 지켜야 할 원칙입니다. 교사가 학부모와 이런 균형 있는 관계를 맺기 위해서는 몇 가지 원칙을 지키는 게 좋습니다.

첫 번째 원칙은 친절하게 말하는 것입니다.

학부모는 교사의 철학이나 신념을 잘 모릅니다. 학생의 입을 통해 한 단계 건너서 듣는 만큼 학부모는 교사가 하는 말이나 행동의 의미를 막연하게 추측합니다. 이런 학부모 혼자만의 추측은 당연히 오해의 소지가 많을 수밖에 없습니다. 실제로는 전혀 그렇지 않은 교사를 차별하는 교사, 무뚝뚝한 교사, 아이들에게 함부로 대하는 교사로 깎아내려서 말하는 경우도 많습니다.

이런 오해의 소지를 줄이는 방법은 잦은 소통과 대화입니다. 그러나 평소에 자주 만나서 매일 얼굴 보는 사이도 오해가 많은데, 어쩌다가 한 번 볼까 말까 한 학부모라면 오죽할까요. 그런 만큼 교사가 학부모와 말할 때는 최대한 친절하게 말해주는 게 좋습니다. 여기서 말하는 친절은 부드럽게 웃으면서 말하라는 정도의 친절이 아닙니다.

교사가 해야 하는 '친절하게 말하기'에는 2가지 의미가 있습니다. 내 이야기가 아니라 남의 이야기를 먼저 들어주는 것, 그리고 자세하게 말하는 것입니다.

예를 들어볼까요.

> **엄마** : 선생님, 혹시 오늘 학교에서 우리 지윤이랑 세아가 싸웠나요? 집에 와서 이야기하는데 들어보니까, 선생님이 세아 말은 잘 들어주고 지윤이 말은 잘 안들어줬다고 말하네요. 어떻게 된 건지 궁금합니다.
>
> **교사** : 아, 그게 아니고요. 저는 두 아이 말을 똑같이 들어줬습니다.

이 경우, 교사는 자기 이야기를 먼저 하고 있습니다. 학부모의 말을 들어준 게 아니라 두 아이 말을 똑같이 들어줬고 누구 편도 들어주지 않았다는 자신의 이야기를 먼저 말하고 있지요. 물론 그것도 중요합니다. 교사로서는 어떤 아이도 편들지 않았으니, 다소 억울한 부분도 있을 겁니다.

그런데 학부모와 대화할 때는 내가 맞네, 틀렸네, 내가 옳네, 그르네, 따지는 게 별 의미가 없습니다. 저는 저경력 교사였을 때 저와 생각이 다르거나 저를 오해하는 학부모와 이야기할 때는 학부모를 어떻게든 설득하려 했습니다. 제 뜻대로 안 되면 화를 내기도 했죠. 하지만 이게 틀린 생각이었다는 걸 서서히 깨달았습니다.

학부모는 평범한 대화 상대처럼 맘에 안 들면 다신 안 보고 마는 사이가 아닙니다. 학부모와 교사는 학생이라는 지극히 중요한 대상을 서로 다른 방향에서 바라보고 있습니다. 싫든 좋든 아이 문제로 교사와 학부모가 얼굴을 마주해야 하는 상황도 더러 생깁니다. 필요하면 당장 내일이라도 학부모 얼굴을 봐야 하는 게 학부모와 교사 사이죠.

학부모와 이야기할 때는 학부모 이야기를 먼저 들어주세요. 학부모가 진짜 하고 싶은 말이 무엇인지를 이해하려 애써보세요. 학부모가 어떤 부분에서 서운해하고 있고, 왜 그렇게 생각하는지를 먼저 들어주세요. 설사 학부모의 마음을 이해하지 못하더라도 이해하는 척이라도 해주어야 합니다.

> 교사 : 지윤이 어머니, 지윤이가 자기 이야기를 안 들어줬다고 했군요. (객관적 사실 말하기) 지윤이가 그렇게 말해서 마음이 안 좋으셨겠네요. 저라도 그랬을 것 같아요. (공감하기) 그런데 사실은 그렇지 않습니다. 지윤이 이야기 먼저 물어보고 그다음에 세아 이야기 들었거든요. (객관적 사실 말하기)
> 그뿐 아니라 주변에 있던 아이들 이야기도 다 들었어요. 아이들도 제가 지윤이 이야기 먼저 듣고

> 그다음에 세아 이야기 들은 거 다 알고 있습니다.
>
> (객관적 근거 말하기)
>
> 어머니, 많이 놀라고 속상하셨지요. 오늘 일은요,
>
> 주변에 있던 아이들 진술을 바탕으로 정리해놓은
>
> 걸 제가 차근차근 말씀드릴게요. (육하원칙에 근거해
>
> 자세하게 말하기)

이렇게 학부모의 이야기를 먼저 들어준 다음, 객관적이고 논리적인 근거를 들어 말하면 됩니다. 학부모는 자연스럽게 자기 생각을 바꾸게 되지요. 교사의 말에 빈틈이 없는 데다가 감정적으로 전혀 흥분하지 않은 상태로 말했기 때문이지요. 이렇게 자세하고 구체적인 말하기는 어떤 상황에서도 힘을 발휘합니다. 감정은 논리를 이기기 힘들거든요.

강한 신뢰감을 심어주는 것이 먼저입니다

6학년을 담임할 때 일입니다. 개와 고양이 같다고 해야 할까요. 교실에서 틈만 나면 다투는 아이들이 있었습니다. 딱히 사이가 나빠서라기보다는 오히려 너무 자주 어울려서 싸움이 잦은 경우였습니다.

하루는 일이 크게 터졌습니다. 평소 같으면 가볍게 때리는 시늉 정도로 끝났을 텐데, 그날은 한 아이 코에서 코피가 터지면서 싸움이 커졌습니다. 아이들이 운동장에서 싸우고 있는 두 아이를 억지로 끌다시피 데려왔을 땐 둘 다 깨지고 터진 부분이 한두 군데가 아니었습니다.

재빨리 상황을 수습했습니다. 주변에 있던 목격자 아이들을 불러서 상황 설명을 듣고, 아이들 얼굴과 몸에 벌써 새파랗게

멍이 올라오기 시작해 연고를 발라주었습니다. 바로 학부모를 불렀습니다. 30분도 채 되지 않아서 두 엄마가 동시에 교실에 들어섰습니다. 아이들 얼굴을 보고는 두 엄마 모두 새파랗게 질리더군요.

> 교사 : 많이 놀라셨지요? 먼저 어떻게 된 일인지 설명해 드릴게요. (감정 존중하기)

차근차근 설명했습니다. 오늘따라 싸움이 커졌지만, 둘이 평소에도 자주 투닥거린다는 것 정도는 양쪽 집 모두 잘 알고 있었습니다. 주변 아이들이 육하원칙에 근거해서 진술한 진술서를 보여드렸고, 평소 아이들의 다툼을 어떻게 지도해왔는지도 말씀드렸습니다. 처음엔 두 엄마 모두 서로가 학교폭력의 피해자라면서 목소리를 높였습니다.

가만히 듣고 있다가 말했습니다.

"어머니, 아이들은 내일도 모레도 학교에 올 겁니다. 그렇다면 이 아이들이 진짜로 원하는 건 뭘까요? 저는 아이들이 원하는 걸 해주고 싶습니다."

한참 만에 한 아이 엄마가 물었습니다.

"그게 뭔데요. 선생님?"

이미 아이들에게도 진술서를 받은 뒤였습니다. 진술서를 내밀면서 제 생각을 말씀드렸습니다.

> 교사 : 같이 노는 거래요. 재미있게. 아이들은 서로 같이
> 놀고 싶다고 하는데요. (객관적 사실 말하기) 비록 오늘
> 크게 싸우긴 했지만 둘은 가장 친한 친구예요. 덕
> 분에 가장 자주 부딪치기도 하고요. (객관적 상황 설명
> 하기) 아이들은 친구들하고 사이좋게 지내려면 어
> 떻게 행동해야 하는지 학교에서 배워야 합니다.
> 제가 책임지고 아이들을 더 주의 깊게 지도할 겁
> 니다. (신뢰감 심어주기) 어머니들도 아이들이 사이좋
> 게 지내길 바라시지요? (기대하는 행동 말하기)

"선생님, 제가 아이의 진짜 속마음을 못 알아본 것 같네요. 선
생님 앞에서 큰소리 낸 점 깊이 사과드립니다."

두 엄마는 저에게 오히려 사과했습니다. 이 일이 있고 나서
두 아이는 졸업까지 싸우지 않고 잘 지냈습니다. 중학교에 가서
도 가장 좋은 친구로 남았고요.

아이들끼리 싸운 경우, 양측 학부모 모두 아이가 부당한 대우
를 받진 않을까, 혹시라도 피해자가 되진 않을까, 교사가 우리
아이 의견을 무시하는 것은 아닐까, 우려합니다. 학부모의 이런
마음을 먼저 헤아린다면 교사는 대화의 주도권을 가져올 수 있

습니다. 아이를 위한다면 어떤 행동을 해야 하는지 정확하게 이야기하면서 같은 문제가 재발하지 않으리라는 강한 신뢰감을 심어주는 것이 무엇보다 중요합니다.

객관적, 구체적, 전문적 시각에서 말하기

아이에 대해서 잘 모르는 학부모님이 있습니다. 집에서 하는 행동과 학교에서 하는 행동이 다른 것 같습니다. 학부모에게 아이에 대해 솔직하게 말하면 상처받지 않을까, 담임 교사를 오해하지는 않을까 걱정됩니다.

학부모와 대화할 때 기억해야 할 첫째 원칙은 친절하게 말하기였습니다. 둘째 원칙은 솔직하게 말하기입니다. 친절하게 말하기가 자세하고 구체적으로 말하는 것이라면 솔직하게 말하는 것은 학생에 대해 교사가 파악하고 있는 데이터를 객관적으로 말해주는 것을 말합니다.

다시 강조하지만, 학부모는 학생의 학교생활을 잘 모릅니다.

대충 아이에게 건너 듣거나 돌아가는 상황을 아이 모습 하나만 보고 지레짐작하기 쉽지요. 학생의 학교에서의 모습과 학부모가 아는 모습이 다를 수 있다는 뜻입니다. 이건 특별한 일부 학생의 사례라기보다는 대부분 학생에게서 똑같이 볼 수 있는 모습이라고 생각하는 편이 낫습니다. 우리도 사회생활을 하면서 남들에게 보여주는 일종의 페르소나가 있듯이 아이들도 마찬가지니까요.

저는 교실에서 비슷한 일을 겪을 때마다 아이 하나하나가 각자 이십면체처럼 느껴지곤 했습니다. 제가 교실에서 보는 면이 있는가 하면 학부모가 보는 면이 있고, 친구들이 보는 면이 있고, 아이 스스로 정체성으로 갖고 있는 면이 다 달라서 말입니다.

그럴수록 학부모에게는 솔직하게 말해주는 게 좋습니다. 학부모에게 말할 때도 미리 학교에서 교사가 지켜본 모습을 솔직하게 말하겠다는 것을 알려주는 게 낫고요. 그래야 충격이 덜하고, 학부모가 받아들일 여지가 있기 때문입니다. 물론 반대로 아이가 잘하고 있는데도 학부모는 한없이 부족하게만 보는 경우도 있습니다. 이런 경우도 마찬가지로 충격을 받기 때문에 역시 미리 고지하고 이야기를 시작하는 게 좋습니다.

솔직하게 말할 때 주의할 점은 객관적인 데이터를 제시해야 한다는 것입니다. 객관적이고 누가 봐도 확실한 사례들을 제시하면서 이야기하지 않으면 어떤 이야기를 해도 상대 학부모는 자신이 가지고 있는 아이에 대한 확고한 신념을 깨뜨리고 싶어 하지 않기 때문입니다.

교사 : 하늘이 어머니시죠? 하늘이가 요새 학교에서 친구들과 자꾸 싸우는 문제로 전화드렸습니다.

엄마 : 우리 하늘이는 집에서 무척 얌전한데요. (교사의 말을 신뢰하지 않는다.)

교사 : 하늘이 어머니시지요? 갑자기 전화드려서 조금 당황하셨지요? (상대의 감정 먼저 존중하기)

엄마 : 네, 학교에서 무슨 일 있었나요? (불안해한다.)

교사 : 아, 큰일은 아니에요. 아이들 사이에서 얼마든지 있을 수 있는 일이에요. (감정 존중하기) 요 며칠 하늘이가 친구들하고 싸웠어요.

엄마 : 우리 하늘이가요? 하늘이는 말 안 하던데요.

교사 : 엄마가 걱정할까 봐 말 안 했을 수도 있어요. (상대의 감정 허용하기) 사실은 하늘이가 이번 주에 3번 싸웠어요. 건하, 동희, 혁이 하고요. (객관적 사실 말하기) 괜찮아요. 앞으로가 더 중요해요. 앞으로는 친구

아이가 잘못한 사실을 말하면 학부모는 놀라고 당황합니다. 당황하기 때문에 아이의 잘못을 먼저 인정하기 싫어하죠. 이건 부모로서 아이를 감싸려 하는 아주 자연스러운 방어 반응입니다. 교사가 이런 학부모의 입장과 불편한 마음을 미리 헤아려주면 좋겠지요.

아이의 안 좋은 부분을 말해야 할 때는 학부모의 감정을 있는 그대로 먼저 몇 번이고 허용해주세요. 감정을 허용한 다음에는 있었던 사실만 객관적인 수치와 함께 말합니다. 예를 들어 아이가 자주 싸운다는 추상적인 표현보다는 이번 주에 몇 번, 누구와 싸웠다는 식의 구체적인 설명이 학부모를 설득하기 더 쉽습니다. 저는 껄끄러운 설명을 해야 할 경우를 대비해서 언제, 어디에서, 누구랑 무엇을 왜 했는지 육하원칙으로 정리했다가 학부모에게 자료를 보여주면서 설명하곤 했습니다.

이와 반대의 경우도 있습니다. 부모라고 해서 항상 아이 편에서서 말하는 게 아닙니다. 오히려 아이가 잘하는 것을 인정하지 않고 아쉬운 부분이나 부족한 부분을 지적하길 좋아하는 학부모도 있습니다. "우리 애가 그렇게 잘한다고요?"라고 교사에게 되묻거나 "우리 애는 언니(오빠)랑 비교했을 때 너무 부족해서요"처럼 말하는 경우입니다.

이건 부모가 겸손해서 이런 말을 하는 게 아닙니다. 대부분은 성취 기준이 너무 높아서 어지간한 실력으로는 만족하지 않기 때문에 이런 말을 합니다. 이런 부모의 자녀들은 다른 아이들과 견주어 충분히 잘하면서도 스트레스를 유난히 많이 받습니다. 쉬운 예로 95점 받은 아이가 100점 못 받아서 엄마한테 혼날 거라고 걱정하는 경우입니다. 이들 학부모가 하는 말을 귀 기울여 들어보면 사실은 학교와 교사, 그리고 자신의 자녀를 모두 신뢰하지 않는다는 걸 알 수가 있지요.

> **교사** : 지애 어머니, 지애가 얼마나 잘하고 있다고요. 칭찬 많이 해주세요. (구체적으로 말하고 있지 않다.)
>
> **엄마** : 안 그래요. 학교에서나 그렇지, 학원에선 잘 못해요. 수학도 요새 성적이 자꾸 떨어진다고 하더라고요. (학교를 신뢰하지 않고 있다.) 지애 오빠가 과학고 다니잖아요. 원래 어릴 때도 지애 오빠는 수학을 잘했는데, 지애는 여러모로 부족한 게 많아요. (자녀를 신뢰하지 않고 있다.)

이때 학부모가 신뢰하지 않는다고 해서 교사가 감정적으로 대응하면 안 됩니다. 아이에 대해 신뢰하지 못하는 부모라면 기본적으로 학교나 교사를 신뢰하지도 못합니다. 교사는 그런 것에 휘둘리지 말고 교사가 하려고 준비한 이야기를 잘 마무리하는 게 좋습니다.

> 교사 : 아, 지애 오빠가 과학고 다니는군요. (감정 존중하기) 지애도 학교에서 열심히 하고 있어요. 예를 들면요, 어제 수학 시간에 원넓이 문제를 푸는데 지애가 기발한 방법을 이야기하더라고요. (구체적인 사례 말하기) 저도 수학 수업에 특히 관심이 많거든요. 다른 친구들은 생각하지 못한 방법이어서 저도 깜짝 놀랐어요. 제가 봤을 때 이런 창의적인 방법을 찾아내는 아이들이 나중까지 잘하더라고요. (전문가적 견해로 칭찬하기)

위 대화처럼 교사의 경험과 전문적 지식을 예로 들어서 말하는 겁니다. 교사에겐 누구도 무시하지 못할 다양한 사례와 교육적인 경험들이 있습니다. 교사가 가진 이런 강점을 최대한 살려서 말하는 겁니다. 이건 학부모가 잘 모르는 부분입니다. 이 부분을 강조해서 말하면 학부모가 자연스레 교사의 말에 귀 기울이게 됩니다.

이런 경험을 여러 번 제공하면 성취 기준이 높은 학부모일수록 점점 더 교사의 말에 끌리게 돼 있습니다. 그런 학부모는 전문적인 지식을 바탕으로 구체적인 사례를 들어가면서 하는 이야기를 선호하니까요. 저는 이런 학부모들과는 일부러 자세하게 대화를 몇 번 나누어서 어느 정도 신뢰를 쌓을 때까지 기다렸습니다. 그다음에야 제가 하고 싶은 말을 자연스럽게 하는 식으로 말했습니다. 이렇게 하면 나중에는 팥으로 메주를 쑨다고 해도 제가 하는 말이라면 믿더군요.

한 걸음 물러나 아이를
중심에 놓고 이야기해보세요

지난 학기 일입니다. 아이가 학교 급식만 먹으면 배가 아프다고 담임에게 반복해서 민원을 제기하는 학부모가 있었습니다. 교무실로 돌려달라고 해서 담임 대신 전화를 받았습니다.

학부모는 대뜸 화를 내면서 학교 급식이 위생적으로 문제가 있을 거라고 하더군요. 잠자코 들어주다가 무엇을 원하는지 묻자, 다른 아이도 그런 케이스가 없는지 1천 명이 넘는 전교생을 대상으로 전수조사를 요구했습니다. 전수조사를 해봐야 그런 학생이 없다는 걸 알고 있었지만, 두말없이 해주었습니다. 그래야 제가 진짜 하고 싶은 이야기를 할 수 있다는 걸 알고 있었으니까요.

> 교감 : 어머니, 전수조사했습니다. 다른 반에는 이상 있
> 는 아이가 한 명도 없었습니다. (객관적 데이터 제시하기)
>
> 학부모 : 정말이요? 전수조사를 했는데 그런 아이가 없
> 다고요? 그럴 리가 없는데요. (화를 내며 말한다.)
>
> 교감 : 네, 없었습니다. 아이를 위해 학교에서 어떤 조치
> 를 하길 바라는지 말씀해보세요. 누룽지나 죽을 끓
> 여달라고 하면 급식실에 제가 부탁해보겠습니다.
>
> 학부모 : 저희 아이는 누룽지나 죽을 싫어해요.
>
> 교감 : 그럼 어떻게 해드릴까요. 우리 학교에서는 아이
> 가 행복하고 건강하게 학교를 다니길 바랍니다.
> 엄마가 이렇게 걱정하지 않고 아이도 건강하게
> 학교에 잘 다니면 좋겠습니다. (기대하는 행동 말하기)
>
> 학부모 : (한참 고민 끝에) 어쩔 수 없죠. 알겠습니다.

반복해서 민원을 넣던 학부모는 이 전화를 끝으로 다신 전화를 하지 않았습니다. 저는 학부모가 바라는 걸 먼저 조건 없이 들어주었습니다. 번거롭지만 전수조사를 했고, 거기서 얻은 객관적 데이터를 바탕으로 그다음 이야기를 했습니다. 일보 후퇴한 것 같지만, 사실 제가 바라던 대로 다시는 학교에 민원을 제기하지 않았으니, 이보 전진을 한 것이지요.

학부모와 대화할 때는 한 걸음 뒤로 물러나고 아이를 중심에

놓고 이야기 나눠보세요. 누가 옳고 그르고를 따질 것이 아니라, 아이가 앞으로 어떻게 변화하길 기대하는가, 어떤 성장과 배움을 하길 바라는가 하는 것을 이야기하는 게 더 가치 있습니다. 이 가치를 강조해서 이야기하면 학부모도 자연스럽게 자기 주장을 꺾습니다. 위 대화에서도 사실은 아이가 앞으로 학교에서 어떻게 지내길 바라는가 하는 것이야말로 학부모와 교사가 나눠야 할 진짜 중요한 이야기겠지요.

3:2:1 대화법을 활용한
학부모 상담의 기술

학부모 상담 주간에 무슨 말을 해야 할지 잘 모르겠어요. 옆 반 선생님은 친절하고 부드럽게 잘 이야기해주시는데, 저는 그렇지 않아서 왠지 비교가 될 것 같습니다. 학부모 상담 주간엔 어떤 식으로 말해야 할까요?

앞에서도 말씀드렸듯이 학부모의 언어와 교사의 언어는 다릅니다. 마치 전문용어를 써서 부동산을 사고파는 것처럼 말이지요. 교사가 아닌 일반인 친구들과 이야기 나누면 어딘지 모르게 이질적인 느낌이 드는 부분이 있지요? 이런 것도 사실 교사가 자주 쓰는 언어적 표현이 있기 때문입니다.

학부모도 마찬가지입니다. 예를 들어볼까요. 교사에게 '공부 잘하는 아이'는 포괄적인 표현입니다. 교사가 하는 '공부 잘하는 아이'라는 말에는 '수업 시간에 집중을 잘하고, 학습 준비도 비교적 성실하며, 실제로 성적이 좋은 편'이라는 상대적인 뜻이 담겨 있습니다. 교사가 이런 표현을 쓸 때는 일부 특정한 아이를 지칭하는 말이라기보다 같은 반 학생들, 비슷한 연령의 학생들을 가르쳤던 자신의 경험과 견주어봤을 때를 말합니다. 즉, 상대적으로 잘하는 편이다, 비교적 이러하다 같은 말이지요.

학부모는 어떨까요? 학부모에게 '공부를 잘한다'는 것은 점수가 좋다는 뜻을 담고 있는 경우가 많습니다. 시험지를 풀었을 때 1개 틀리거나 다 맞거나 할 정도로 실제 점수가 잘 나오는 경우는 공부를 잘한다는 범주 안에 확실하게 들어가지만, 시험지를 풀었을 때 점수와 상관없이 수업 태도가 좋고 열심히 노력하는 아이에게 공부 잘한다는 표현을 쓰는 것은 왠지 어색합니다. 학부모에게 공부란 시험, 점수, 등수와 동의어 같은 느낌을 주기 때문입니다. 공부 하나만 놓고 봐도 교사와 학부모의 견해가 사뭇 다르지요.

몇 가지 예를 더 들어볼까요. 지금의 대한민국 교사들에겐 배움과 성장이라는 표현이 일상적인 말이지만, 학부모들에겐 낯선 것입니다. 실제로 학부모 강의에서 배움과 성장이라는 표현을 아는지 물었을 때 모르는 분이 태반이었습니다. 수업 나눔이란 말이 편한 교사와 달리 학부모는 수업 공개라는 말이 더 친숙하게 느껴지고, 성장 평가나 과정 중심 평가에 교사들이 관심 갖는 것과 달리 점수나 등수가 있는 통지표가 차라리 더 편하다고 말하는 학부모도 있습니다.

이렇듯 교사와 학부모의 시각 차이는 우리가 생각하는 것보다 더 큽니다. 이 차이를 좁혀가는 창구가 바로 학부모 상담이지만, 잘 준비하지 않으면 정작 무슨 말을 해야 할지 몰라 시간만 때우는 식으로 이야기하게 되지요. 물론 이건 학부모들도 마찬가지여서 상담 주간에 무슨 말을 해야 할지, 무엇을 물어야 할지 모르는 학부모가 대다수입니다.

상담 주간처럼 학부모와 비교적 긴 시간 이야기를 나눠야 할 때는 3:2:1 대화법을 추천합니다. 미국 경제전문지 〈포춘〉에서 성공하는 방법 가운데 하나라고 이야기한 바로 그 3:2:1 대화법입니다. 여기에서 3:2:1은 이야기를 주도하는 비율을 말합니다. 6분을 이야기한다면 3분은 경청하고, 2분은 맞장구치면서 상대의 말에 반응하고, 1분은 내 이야기를 하라는 것입니다. 10분을 이야기해야 한다면 5분은 들어주고, 3분은 맞장구치고, 마지막 2분은 내가 하고 싶은 말을 하면 됩니다.

학부모는 교사와 진지하게 학생 이야기를 나눌 기회가 많지 않습니다. 기회가 적으니 상담 주간이라도 아이의 학교생활을 교사에게 묻고 싶고, 교사의 객관적인 견해도 듣고 싶은 게 당연합니다. 특히 상담 주간은 학부모에게 아이에 대해 이야기를 나눌 기회를 법적으로 보장해준 것인 만큼 학부모가 바라는 것을 먼저 들어주는 게 좋습니다.

저는 3월 상담 주간에는 3:2:1 방식으로 학부모의 이야기를 귀 기울여 들었습니다. 이때는 교사에게 아이와 관련한 객관적 데이터가 아직 쌓이기 전입니다. 아이를 잘 모르는 담임 교사가 이 아이는 어떠하다는 식으로 굳이 이야기할 필요가 없습니다. 아이를 아직 잘 모른다는 걸 솔직하게 인정하고 학부모에게 대화의 주도권을 넘겨주는 쪽이 낫습니다.

> 교사 : 하율이 어머니, 하율이에 대해서 궁금한 거 있으세요? 궁금한 거 있으면 물어보세요.
>
> 엄마 : 아, 궁금한 건 별로 없는데요. 으음, 친구들이랑은 잘 지내나요. (정확하게 어떤 부분을 물어야 할지 모른다.)
>
> 교사 : 네, 잘 지내는 편이에요. 모둠 활동도 잘하고 친구들하고도 사이좋게 지내는 편이고요. (아이에 대해 아는 게 많지 않기 때문에 '-편이다'로 표현하고 있다.)

> 교사 : 하율이 어머니, 솔직히 지금은 하율이에 대해 제
> 가 잘 몰라요. 아직 같이 지낸 시간이 짧아서요. 저
> 한테 정보를 많이 주시면 주실수록 하율이를 가
> 르칠 때 도움이 될 거예요. 작년에는 어떤 친구들
> 이랑 친했는지, 어떤 과목을 좋아하는지, 집에서
> 는 어떤 말을 주로 해주시는지 다 들려주세요. (학
> 부모가 어떤 말을 해야 할지 미리 정보를 제공한다.)

2학기 상담 주간에는 그동안 담임 교사로서 봐 왔던 아이의 모습을 객관적인 자료를 바탕으로 이야기하면 됩니다. 이때는 담임 교사가 3의 비율로 말하고, 학부모가 반응하면서 2의 비율로 듣고, 마지막으로는 더 알고 싶은 걸 물어보는 1이 될 수밖에 없습니다. 이건 학생과 관련한 데이터가 이미 쌓인 교사가 자연스럽게 주도권을 가져오는 상담이 되기 때문이지요.

이때도 막연하게 잘한다 못한다, 이야기하는 것보다 구체적으로 짚어주는 게 좋습니다. 특히 학부모가 주로 궁금해하는 걸 중점적으로 말하면 좋습니다. 크게 학습, 대인 관계, 습관 3가지 영역입니다. 아이가 자신 있어 하는 것과 어려워한 것으로 나눠서 짚어주면 더욱 좋습니다.

교사 : 하율이 어머니, 제가 크게 3가지 영역으로 나눠서 말씀드릴게요. (어떤 정보를 제공할지 알려준다.) 먼저 학습적인 부분입니다. 하율이는 학습 태도도 좋고 모둠 활동도 잘 참여해서 적극적으로 발표합니다. 친구들이 다 감탄할 정도로 발표를 똑 부러지게 잘해요. (구체적으로 말하기)

다만 사회 수업에서 특히 역사가 나오는 단원을 어려워했어요. 단어가 잘 안 외워지고 어렵다고 말하더군요. (어려워하는 부분 말하기) 이 부분은 앞으로도 집에서 한 번씩 더 교과서를 읽어보게 해주시면 좋을 것 같습니다. (기대하는 행동 말하기)

다음은 대인 관계 부분이에요. … 마지막은 습관에 대한 것입니다. …

긍정적인 이야기 먼저
시작하세요

학부모와 이야기 나누는 것 자체가 껄끄럽습니다. 학생에 관련된 괜한 말을 했다가 오히려 싫어하면 어쩌지, 같은 마음이 들 때도 있습니다. 학부모와 이야기할 땐 어떻게 말을 꺼내는 게 좋을까요?

한 화장품 회사에서 재미있는 실험을 했습니다. 사람을 처음 만났을 때 인상이 결정되는 데 걸리는 시간을 측정한 연구였는데요. 미국인은 15초, 일본인은 6초, 한국인은 3초였다고 합니다. 이 짧은 시간에 만들어진 첫인상을 다시 바꾸는 데에는 60번 이상의 만남이 필요했다고 합니다. 첫인상이 얼마나 중요한지 알 수 있지요.

심리학에서는 첫인상의 효과를 초두효과라고 부릅니다. 심리학 용어로는 Primary Effect라고 합니다. 이 초두효과를 증명하는 흥미로운 실험이 있습니다. 같은 사람을 설명하는 말을 듣되, 긍정적인 이야기를 먼저 들었을 때와 부정적인 이야기를 먼저 들었을 때 사람들이 어떻게 판단하는지를 비교해보았습니다.

A : 김대리는 말이야. 성실하고 똑똑하지만, 즉흥적이고 욕심이 많고 비난하는 소리를 잘해.

B : 김대리는 말이야. 비난하는 소리를 잘하고 욕심이 많고 즉흥적이지만, 똑똑하고 성실해.

대화의 내용은 똑같습니다. 긍정적인 이야기를 먼저 듣느냐, 부정적인 이야기를 먼저 듣느냐, 순서만 다를 뿐입니다. 사람들은 A처럼 설명했을 때 더 긍정적으로 평가했다고 합니다. 심리학에서 말하는 초두효과입니다. 학자들은 이런 결과가 나타나는 이유를 맥락효과(Context Effect) 때문이라고 설명합니다. 사람들은 앞에서 들은 정보를 바탕으로 뒤에 오는 정보를 판단하는 식으로 맥락에 따른 판단을 합니다. 쉽게 말하면 누군가에 대해 한 번 좋은 말을 들은 뒤에는 나쁜 말을 들어도 잘 안 믿는다는 뜻입니다.

곰곰이 생각해보면 이런 예는 우리 주변에서 쉽게 찾아볼 수 있습니다. 정치인도 그렇고, 연예인도 그렇지요. 한 번 좋게 본 사람은 설사 나쁜 일을 해도 잘 안 믿깁니다. 그 사람이 그럴 리 없는데, 라고 생각하기가 더 쉽습니다. 한 번 좋게 본 친구는 어지간해선 그 이미지가 잘 안 바뀌는 것도 그래서입니다.

교사가 이런 심리적인 대화 기술을 알고 적절히 활용하면 학부모와 대화할 때도 유리한 방향으로 이끌어갈 수 있습니다. 학부모에게 아이에 대한 좋은 이야기만 할 수 있다면 좋겠지만 교사는 그렇지 않은 상황에서 이야기할 일이 훨씬 많습니다. 학부모에게 아이 이야기를 할 때는 앞에서 설명한 초두효과와 맥락효과를 기억해두었다가 활용하면 좋습니다.

교사 : 준하가 오늘 학교에서 아이들하고 조금 다퉜어요. 준하가 평소엔 차분하고 얌전한 편이거든요. (부정적인 이야기 먼저, 긍정적인 이야기는 나중에 하고 있다.)

→ 준하가 평소에 얌전하고 차분한 편이에요. 그런데 오늘 학교에서 아이들하고 조금 다퉜어요. (긍정적인 이야기 먼저, 부정적인 이야기는 나중에 하고 있다.)

저는 비단 학부모와 이야기할 때만이 아니라 껄끄럽고 불편한 이야기를 해야 하는 상황에선 언제나 이런 대화 기술을 활용합니다. 어떤 상대든, 어떤 주제든 일단 상대가 듣기 좋을 만한 말을 먼저 합니다. 웃으면서 부드럽게 이야기를 꺼내고 평소에 좋게 보았던 부분을 칭찬부터 하지요. 정작 하려고 마음먹은 불편한 말은 나중에 슬쩍 꺼냅니다.

> **부인** : 여보, 설거지 좀 하라니까. 당신 좋아하는 일은 잘하면서 집안일은 왜 이리 안 도와줘?
> → 여보, 당신이 좋아하는 일은 다 잘하잖아. 설거지도 잘할 거야.

> **교사** : 얘들아, 교실부터 치워. 너희들 다른 건 잘하는데 왜 청소는 안 하니?
> → 얘들아, 너희들 다른 거 다 잘하잖아. 교실도 잘 치울 수 있어.

듣는 이 입장에선 어떤 말이 더 듣기 좋을까요? 부정적인 말로 시작하는 것과 긍정적인 말로 시작하는 것 중 고른다면 말입니다. 학부모와 이야기하는 것도 똑같습니다. 평소 아이를 좋게 보았던 바로 그 부분부터 시작하면 됩니다. 이건 심지어 불편한 말을 꺼내야 할 상황에서도 그렇습니다. 이렇게 순서만 바꿔서 이야기해도 한결 대화가 수월해진답니다.

교사가 다가가야
학부모도 마음을 열어요

좀처럼 학부모가 편해지지 않습니다. 학부모와 어떻게 하면 편하게 이야기 나눌 수 있을까요?

전에 2학년을 담임했을 때 일입니다. 고학년만 담임하다가 10여 년 만에 저학년으로 내려갔더니, 좀처럼 저학년 아이들에게 익숙해지지 않았습니다. 고학년 아이들에게 하듯이 했다가 급기야 학부모 26명이 단체로 항의 방문을 왔습니다. 그 많은 학부모가 아이들에게 무섭게 대한다, 쉬는 시간을 짧게 준다, 아이들을 차별한다, 같은 항의를 돌아가면서 하더군요. 저로서는 말도 안 되는 이유였지만, 학부모들은 나름의 이유를 들어가면서 한참을 거세게 말했습니다.

학부모들의 거센 항의 방문이 있고 나서 정말로 많은 생각을 했습니다. 어디서부터 잘못됐을까, 얼마나 많이 생각했는지 모릅니다. 곰곰이 생각에 생각을 거듭한 끝에 알게 됐습니다. 그동안 일방적으로만 교사의 이야기를 해왔고, 학부모들이 어떻게 생각하고 무엇을 바라는지 친절하게 설명해주지 않았다는 것을요. 학생들한테만 잘하면 된다고 생각했던 것이 얼마나 안일했는지 새삼 깨닫게 됐습니다.

이 일을 겪고 나서 뼈저리게 반성했습니다. 그때까지 잘하고 있다고만 믿었던 저 자신을 A부터 Z까지 돌아보았지요. 학부모들과 완벽하게 틀어진 관계를 개선하기 위해 아날로그적인 대화를 시작했습니다.

학부모에게 일주일에 1통씩 전화하기, 학부모에게 하루에 1통씩 문자 보내기, 학부모에게 한 달에 1번씩 학급경영 피드백 받기를 시작했습니다. 바로 '세상을 바꾸는 시간 15분'에 '학급을 경영하라'라는 주제로 출연했을 때 소개했던 '아날로그적인 1:1:1 소통법'입니다. 물론 방송에선 우리 교실의 이런 비하인드 스토리를 말할 수 없었지만 말입니다. 이 밖에도 매일 학급 홈페이지에 교단 일기 쓰기, 책 리뷰 글에 댓글 단 학부모에게 책 선물 이벤트하기, 창체 수업에 보조 교사로 학부모 모시기, 학부모와 함께 공동 수업하기 등 다양한 방법을 활용

했습니다.

돌아보면 참으로 아이러니하지만, 이때 학부모들의 반응이 가장 폭발적이었고, 이 일이 있고 나서는 학부모들과 더 잘 지낼 수 있었습니다. 학기 초에 담임에게 불만을 직접 따질 정도로 교육열이 높았던 터라 아이들을 위해 열정을 불태우는 담임에 대한 만족도도 그만큼 뜨거웠던 것이겠죠.

그 한 해는 학부모와 관계를 회복하기 위한 수행의 시간이었습니다. 이 1년을 보내면서 제가 얻은 가장 큰 깨달음은 학부모는 가까이 다가가려고 교사가 먼저 손을 내밀어야지, 먼저 다가와주길 기다려서는 안 된다는 것이었습니다. 덕분에 그 이후에 만난 학부모들과는 단 한 번도 껄끄럽거나 불편했던 적이 없습니다.

지난 10년 전국을 돌면서 수많은 학부모를 강연에서 만났습니다. 마음을 터놓고 웃으면서 담임 교사에게 먼저 다가간다는 학부모를 아직 본 적이 없습니다. 학부모에게는 교실의 문턱이 여전히 높습니다. 어지간해서는 넘기 힘든 벽처럼 학교가 높고 멀고 불편합니다. 코로나로 학교에서 교사와 대면하는 일이 적어진 지금에 와선 더욱 그렇지요. 교사가 먼저 말을 걸지 않으면 학부모는 교사에게 먼저 말을 걸지 않습니다.

쉽고 편한 다른 방법이 있다면 좋겠지만, 교직 경력 25년이

된 지금도 학부모와 의사소통하는 데 아날로그적인 노력보다 더 나은 방법을 잘 모르겠습니다. 대화를 직접 해보는 것 말고 더 나은 의사소통 방법이 또 있을까, 생각합니다. 그저 우직하고 단순하게 교사가 먼저 손 내밀어야만 학부모도 마음을 연다고 말하고 싶습니다.

그렇다면 학부모에게 어떤 말을, 언제, 어떻게 해야 할까요? 상대를 편하게 느껴야 하고 싶은 말도 할 수 있겠지요. 어떤 것이든 교사가 편한 주제와 방법이 있다면 그걸 하면 됩니다. 무엇이든 억지로 하지 말고, 즐겁고 편하게 좋은 사람과 이야기 나눈다는 마음으로 다가가면 좋겠습니다.

한 걸음 더 나아가기

학부모의 마음을 여는 소통법 3가지

50자 가정통신문 보내기

교사 : 안녕하세요. 3-4반 담임입니다. 오늘은 가을 하늘이 너무 파랗고 아름다워서 아이들과 사진을 찍었습니다. 참 멋지지요?

30자 칭찬 문자 보내기

교사 : 진화가 국어 시간에 피피티를 멋지게 발표했어요. 가정에서도 칭찬해주세요.

3마디 칭찬 전화하기

교사 : 진욱이가 수학 시간에 잘 못하는 친구를 도와줬어요. 어렵고 힘든 일이었는데도 끝까지 열심히 도와주더라고요. 가정에서 많이 칭찬해주세요.

6장

교사로서
나를 지키고 키우는

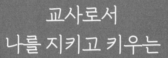

성장의 기술

선 넘는 조언은
적당히 무시하세요

동료 선생님이 혼자만 너무 열심히 하면 튄다는 말을 조언처럼 해주었습니다. 좋은 수업 자료나 학급경영 자료를 만들었지만, 그 말을 듣고 나니 왠지 튀는 행동 같아서 자료를 공유하기가 껄끄러워졌습니다. 이런 말을 들으면 어떻게 대답해야 할지 모르겠습니다.

3년 차 선생님이 물었던 질문입니다. 저도 그런 말을 종종 들었고, 심할 땐 "그렇게 열심히 해서 뭐 할래?"라는 소리도 들었습니다. 저에게 선배 선생님들이 했던 조언 아닌 조언이었지요.

그땐 '내가 그렇게 이상한가?' '도대체 뭐가 문제지?' '왜 열심히 해보라고 하지 않고 적당히 하라고 할까?' 하고 고민했습니다. 지금은 다릅니다. 그 말을 조언으로 생각하지 않고, 그 말을 해준 이를 선배라고 생각하지도 않습니다.

왜 그럴까요? 조언은 말로 돕거나 깨우쳐주는 것을 뜻합니다. 열심히 하는 사람에게 열심히 하지 말라는 말을 하는 것이 어떤 깨우침이나 도움이 될 수는 없습니다. 마찬가지로 선배는 같은 분야에서 나보다 무언가가 앞서 있는 사람을 말합니다. 지위, 경험이나 나이 같은 면에서 말입니다. 나이를 기준으로 하면 나보다 나이 많은 사람이면 누구나 선배라고 부를 수 있겠지만, 진짜 선배의 기준은 경험과 지식이어야 합니다.

저는 그 선생님에게 선배가 하는 말을 듣지 말고, 멘토에게 조언을 들으라고 말해주었습니다. 함께 있으면 배우고 공부하고 깨칠 게 많은 제대로 된 멘토에게 배우라고요. 나이가 많다고 해서 배울 게 많은 건 아닙니다. 나이가 어리다고 해서 배울 게 없는 것도 아닙니다. 저는 국립부설초등학교에서 교생들과 같이한 5년을 교사로서 가장 뜨겁게 성장한 시간으로 꼽습니다. 교사가 되고 싶은 열망이 넘치는 교생들이 아니었으면 저는 적당한 매너리즘에 빠져 교사로서 열정을 잃었을 테니까요.

이렇듯 함께할 때 배우고 깨칠 게 있으면 우리는 어떤 상대에게서든 배울 수 있습니다. 반대로 함께해서 배우거나 깨칠 게 없다면 선생님의 삶에 별 도움이 안 됩니다. 좋은 선배, 닮고 싶은 롤모델, 귀 기울여 듣고 싶은 멘토를 찾아서 곁에 두고 공부하세요. 그런 이를 닮고 배우고 자꾸 연구해야 합니다. 그래야 그를 넘어서는 사람이 될 수 있고, 그보다 더 훌륭한 진짜 선배로 성장할 수 있습니다.

'거인의 어깨에 올라선다'는 표현이 있습니다. 무려 1130년에 베르나르 샤르트르가 한 말이라고 하지요. 좋은 선배, 훌륭한 멘토, 닮고 싶은 롤모델을 만나는 것은 거인의 어깨에 올라서는 것과 똑같습니다. 그런 이를 닮으려 노력하다 보면 어느새 나도 모르게 그런 사람이 되어 있는 자신을 발견하게 됩니다.

저는 교사가 되었던 해에 존경하는 멘토를 찾았습니다. 한 알의 밀알이 떨어져 썩으면 세상에 수천의 밀알이 자란다는 밀알두레반을 만드신 고 정기원 선생님이십니다. '학급경영'이란 표현을 대한민국에서 처음으로 쓰셨고, 학급경영 책을 대한민국에서 처음 펴내신 분입니다. 선생님의 학급경영은 지금 대한민국 모든 학급경영의 뿌리이지요.

그런 선생님이 제가 교사로서 너무나 힘들 때 제게 해주셨던 말씀이 있습니다.

"나무가 비바람에 흔들리면서도 자라는 것처럼 교사도 그렇습니다. 그 어려움을 값있게 바라봐주세요. 그 안에서 성장하고 발전하는 자신을 사랑해주세요. 선생님은 작은 어려움에 무너

지기엔 너무나 소중하고 가치 있는 사람이에요."

진정한 멘토이고 선배라면 이런 말을 해주는 사람일 것입니다. 이 말이 제게는 얼마나 힘이 됐는지 모릅니다. 내가 진심으로 존경하고 따르는 멘토가 하는 말이 아니라면 상대가 누구든 그가 하는 말을 과감하게 무시하세요. 그 말에 상처받거나 되새김질하듯 곱씹지 말고 말 그대로 무시하는 겁니다.

쉽지는 않을 겁니다. 하지만 때로는 무시하고 모른 척하는 것도 연습할 가치가 있답니다. 세상에서 가장 소중한 나를 지키고 보호하는 것은 누구보다 내가 먼저 노력해야 하는 일이니까요.

> **동료** : 그렇게 열심히 한다고 뭐가 달라지나? 학습 부진은 나랏님도 못 고친다니까. 선생님도 너무 그렇게 열심히 하지 말고, 쉬엄쉬엄 해.
> **교사** : 네. 선생님. 그러고 있어요. (웃으면서 맞장구친다.)

다시 강조하지만, 이런 식의 이야기를 하는 상대와 길고 깊이 있는 대화를 굳이 이어갈 필요가 없습니다. 상대가 자신을 무시했다고 여기지 않게 가벼운 맞장구 정도로 대화를 마무리하면 됩니다.

일을 떠넘기는 동료에게는
선을 분명히 그어주세요

학년 업무를 혼자 도맡아 해야 할 때가 종종 있습니다. 업무를 잘하는 게 아닌데도 혼자 일을 하다 보면 답답하고 속상할 때가 많습니다. 게다가 혼자만 일을 안 하려고 하고 자꾸 미루는 선생님이 있는데, 이럴 땐 어떻게 말해야 할까요?

전에 베르나르 베르베르가 쓴 《개미》라는 책을 무척 흥미롭게 읽었습니다. 베르베르는 우리가 아는 작은 곤충 개미가 아니라 인간처럼 무리 지어 생활하고 인간만큼이나 똑똑하고 영리한 생명체로 개미를 이야기했지요.

사실 개미가 사회적인 생활을 하는 것을 보여주는 단적인 예가 바로 위입니다. 개미는 위가 2개 있다고 합니다. 개인적인 위와 사회적인 위가 그것인데요. 개미는 개인적인 위에는 나를 위한 먹이를 넣어두고, 사회적인 위에는 배고픈 동료를 위해 나누어줄 먹이를 넣어둔다고 합니다. 개미라는 뜻의 한자 의(蟻)도 의로울 의(義)에 곤충 충(虫)이 합해진 말입니다.

우리가 사는 지구에는 개미보다 더 사회적인 생명체가 딱 하나 더 있는데, 바로 인간입니다. 아리스토텔레스는 지구에서 가장 사회적인 동물은 사람이라고 말했습니다. 배고픈 동료를 위해서 먹이를 나누어줄 위를 가진 개미보다 더 사회적인 존재가 인류라는 겁니다. 다만, 사회성을 유전으로 아예 갖고 태어나는 개미와 달리 인간은 사회성을 발휘할지 아니면 모른 척할지 선택할 수 있다는 게 차이라면 차이겠지요.

학교도 사회이고, 공동체이기 때문에 얌체 같은 사람도 있고 군자 같은 사람도 있습니다. 많은 사람이 모여 있는 학교일수록 다양한 인간 군상이 모여 있기 때문에 이런 사람도 있고, 저런 사람도 있다고 생각하는 게 마음이 편합니다. 아마도 얌체 같고 혼자만 일을 안 하려는 사람도 더러 있을 겁니다. 저도 학교에서 그런 사람을 종종 만나보았는데, 흥미롭게도 자신이 그런 사람인지조차 모르는 경우가 대부분이었습니다.

이들은 나보다 약하고 무른 상대를 알아봅니다. 어떻게 해야 상대를 제 입맛에 맞게 주무를 수 있을지도 잘 알지요.

> **동료** : 선생님은 젊고 손도 빠르잖아. 이번에 그 학급 잔
> 치 운영 계획안도 선생님이 짜서 좀 돌려. 금방 할
> 수 있잖아.
> **교사** : 아, 그게 이번에 조금 할 일이 많은데…. (말을 끝맺
> 지 못하고 있다.)

이렇게 말끝을 흐리거나 대화를 잘 마무리 짓지 못하면 이런
상대가 얕잡아 보기 쉽습니다. 그럼 약삭빠른 상대는 대화를 주
도적으로 이끌면서 은근슬쩍 일을 떠넘기지요.

이런 사람을 동료로 만났을 땐 무턱대고 친절하게 대하기보
다는 분명하게 선을 그어서 이야기하는 게 좋습니다. '좋은 게
좋은 거지' '내가 그냥 알아서 하지 뭐'처럼 말랑하게 대충 생각
하면 안 됩니다. 그럼 정말로 계속 나 혼자 상처받고 마음이 불
편하거나 일을 도맡아 하게 됩니다.

> **동료** : 이 정도는 선생님이 해도 되겠네요. 선생님이 하
> 면 금방 할 수 있잖아요. 뭐 굳이 여러 사람이 나설
> 필요는 없지 않겠어요. 안 그래요? (주변인들에게
> 동의를 구하면서 대화를 유리한 방향으로 유도한다.)

> **교사** : 네. 선생님. 그래 보일 수도 있는데요, (의견 존중하기) 아무래도 제가 아직 일에 서투르잖아요. 이건 선생님들이랑 함께 나눠서 하는 게 좋겠어요. (바람직한 방법 제안하기) 선생님이 ○○○ 부분을 ○요일까지 마무리해주시면 어떨까요? 제가 ○○○ 부분은 해볼게요. (기대하는 행동 말하기)

친절은 고마워할 줄 아는 사람에게 베풀라는 말이 있습니다. 그 작은 개미도 나뭇잎 한 장을 들어 올릴 때면 수백 마리가 달려드는데, 왜 힘든 학교 일을 혼자 해야 하나요. 혼자만 아무 일 안 하고 노는 동료, 남에게 자주 미루는 동료는 사실 동료라고 부르기도 부끄럽습니다. 이런 이에겐 정확하고 분명하게 선을 그어서 말하세요. "여기까진 되고, 이 이상은 안 됩니다"라고요.

참고로 이런 상대는 한번 말해선 안 받아들이는 경우도 많습니다. 몇 번이고 반복해서 똑같은 말을 하는 게 좋습니다. 이런 말씨름이 피곤하다고 "알겠어요, 그럼 제가 할게요" 하는 식으로 중간에 접으면 안 됩니다. 상대가 선을 넘어오는 것은 내가 선을 넘어오게 허용하기 때문입니다.

도움받지 못하는 이유는
요청하지 않아서예요

옆 반 선생님에게 물어보고 싶어도 어려워서 못 물어보 겠습니다. 이런 것도 물어봐야 하나 싶은 자잘한 것들을 물어봐도 거절당하지 않을까 싶어요.

먼저 한 가지 상황을 가정해볼게요. 길에서 처음 만난 낯선 사람이 10만 원을 빌려달라고 합니다. 여러분은 돈을 빌려주실 건가요? 아마 열에 아홉은 거절할 겁니다. 무슨 소리냐고, 처음 보는 사람에게 왜 돈을 빌려주냐고 말이지요. 이 상황을 뒤집어 생각해볼까요? 우리가 낯선 사람에게 가서 10만 원을 빌려야 한다면 어떤 일이 벌어질까요? 어쩌면 당연하다는 듯 우리 역 시 거절당하겠지요.

경찰차 운전석에 앉아서 운전하기, 누군가의 뒤뜰에서 축구하기, 그도 아니면 대통령 인터뷰하기 같은 건 어떨까요? 이런 다소 무모해 보이는 일에 도전해야 한다면 우리가 어떤 사회적 위치에 있다 하더라도 대부분 거절당할 겁니다.

지아 장이라는 중국인은 자신의 내성적이고 소극적인 성격을 바꾸기 위해 일부러 거절당할 만한 일들을 찾아서 도전하는 일을 시작합니다. 이게 바로 TED 강연 무대까지 오른 '100일 동안 100번 거절당하기' 프로젝트입니다. 그는 강연에서 거절당하는 고통을 극복하고, 과감하게 도움을 요청할 용기를 내라고 말합니다.

인간은 고통을 느낄 때 고통을 줄이고 안정을 찾을 수 있도록 오피오이드라는 호르몬을 분비한다고 합니다. 흥미로운 것은 사회적으로 거절을 당한 인간에게서도 오피오이드가 분비된다고 합니다. 그만큼 인간에게 거절이란 고통스러운 것이란 뜻입니다.

그러나 이 역시 극복하기 위해 노력하고 애쓴다면 얼마든지 이겨낼 수 있습니다. 지아 장이 굳이 일부러 100번 거절당할 만한 일을 찾아서 도전하고, 기어이 거절의 고통을 극복했듯이 말입니다.

스티브 잡스는 사람들이 도움을 받지 못하는 이유는 도움을 요청하지 않기 때문이라고 말했습니다. 무엇보다 거절은 내 의견에 대한 거절이지, 나 자신에 대한 거절이 아니라는 점을 잊지 말아야 할 것입니다.

옆 반에 좋은 선배가 있고, 배울 만한 점이 많은 교사가 있다면 내가 먼저 손을 내밀어야 합니다. 내가 잘 못하는 것을 솔직하게 인정해야 하고, 무엇이든 가르쳐달라고 요청해야 합니다. 내가 먼저 손을 내밀지 않으면 누구도 먼저 내게 손을 내밀지 않습니다.

저는 학교에서 선생님들이 도움을 요청할 때는 서슴없이 발 벗고 나서서 도와줍니다. 그게 어떤 일이든 제게 도움을 요청한 경우는 책임지고 끝까지 도와줍니다. 학생 상담부터 학부모 상담, 업무 처리, 공문, 수업 방법, 심지어 저녁 메뉴 고르기까지, 그 무엇이든 말이지요. 하지만 이것도 도와달라고 말한 경우입니다. 도움을 요청하지 않은 선생님에게는 도움을 주고 싶어도 무엇을 도와주어야 할지 몰라서도 못 도와줍니다.

걱정 말고 먼저 손을 내밀어보세요. 어렵게 내민 손을 딱 소리가 나게 쳐낼 사람은 세상에 많지 않습니다. 도움을 요청할 때는 명확하고 분명하게 구체적으로 도움이 필요한 부분을 짚어서 말하세요. 이 말 저 말 붙여가면서 중언부언하거나 "죄송하지만…" 같은 말 말고 정확하게 어떤 부분을 어떻게 도와달라, 요청하는 겁니다. 그래야 도와줄 사람도 그 부분을 헤아려 도울 수 있습니다.

> 교사 A : 생활기록부 쓸 때 이건 어떻게 하는 걸까? 잘 모르겠네. 어떻게 하지? 옆 반 선생님도 바쁠 텐데, 나까지 괜히 귀찮게 하는 게 아닐까?

> 교사 A : 선생님, 바쁘시지요. 제가 궁금한 게 있어서요.
> 교사 B : 네. 어떤 부분인가요?
> 교사 A : 제가 이 ○○○한 부분은 잘 모르겠어요. 선생님이 도와주세요.

다른 동료 교사에게 도움을 요청해야 할 경우는 이런 식으로 분명하게 말하는 게 좋습니다. 도움이 필요한 부분을 명확하고 구체적으로 물어보세요. 학교에서 교사가 경험하는 일이나 업무 등은 대부분 전에 해오던 것과 비슷하게 반복되는 일들이 많습니다. 인터넷으로 검색해서 찾는 것보다 이미 경험해본 옆 반 선생님의 경험에 의존하는 게 훨씬 빠르고 정확할 수 있습니다. 굳이 번거로움을 따진다면 잘 모르는 채 일하다가 실수하는 쪽이 더 번거롭습니다.

힘든 시간을 통해서도
한 뼘 더 성장할 수 있어요

저희 반은 매우 평화롭고 교실 분위기가 좋습니다. 아이들끼리 사이가 좋고, 교사를 잘 따라줍니다. 그런데 딱 한 아이가 힘들게 합니다. 이 아이만 아니면 아이들 사이에 문제가 생기는 일도 없고, 교실에 문제가 일어나는 일도 없습니다. 이 아이는 경계성 지능장애라서 말을 해도 잘 못 알아듣습니다.

이건 저희 학교 3년 차 선생님의 사례입니다. 저한테 고민을 이야기하러 왔을 땐 이미 교실에서 아이가 문제를 일으킨 다음이었습니다. 교장실로 피해 학생들이 찾아가 사건을 알리는 바람에 문제가 불거졌고요. 제가 한참 이야기를 듣다가 "선생님,

'우리 교실에 이 아이만 없으면 아무 문제도 없을 텐데'라고 생각하시지요?"라고 물었습니다. 선생님은 아무 말도 없다가 이내 눈물을 주르륵 흘리더군요. 선생님의 마음을 100퍼센트 이해할 수 있어서 더 짠하고 마음이 아팠습니다.

사실은 저도 그랬던 적이 있습니다. 5학년을 담임했을 때인데, 저도 똑같이 반에 경계성 지능장애 학생이 있었습니다. 경계성 지능장애는 지적 장애는 아니지만, 평균보다 낮은 지적 능력을 말합니다. 일반적으로는 I.Q 70~85정도로 통합학급에서 공부하곤 합니다. 이 학생들은 교사가 화를 내도 왜 화를 내는지, 친구들이 아이의 행동을 싫어해도 왜 싫어하는지 잘 모릅니다. 설사 문제 행동을 해서 교사가 야단해도 같은 일이 반복되기 쉽죠.

저희 반도 이 아이 때문에 힘든 상황이 자주 만들어지곤 했습니다. 제가 화를 내는 것은 항상 이 아이 때문이었고, 아이 주변에서 일어나는 사건들에 몹시 예민했습니다. 온갖 일들을 겪으면서 어느 순간 저 자신도 모르게 '아, 이 아이만 없다면 우리 교실은 얼마나 평화로울까'라는 생각을 하고 있더군요. 아마도 이게 솔직한 교사의 심정일 겁니다.

그런데 참 희한하지요. 그다음, 또 그다음, 그다음… 해가 지나고 달이 지나면서 자연스럽게 깨달았습니다. 그 한 해를 그아이와 함께 시간을 보낸 덕분에 저는 어느덧 교사로서 한 뼘 더 성장해 있었다는 걸요. 그 아이는 저뿐 아니라 반의 모든 아이에게도 가르침을 주었고, 깨달음을 주었는데도 그땐 그걸 몰랐다는 걸 말입니다.

선생님, 많이 힘들지요. (공감하기) 하지만 그 시간이 얼마나 가치 있는지 몰라요. 이 1년을 지내면서 교사도 성장하지만, 아이들도 그 안에서 배우는 게 정말 많아요. 통합학급 학생만이 배울 수 있는 귀한 가치들이 있으니까, 그걸 아이들에게도 이야기해주세요. 선생님도 '내가 교사로서 성장하고 있구나'라고 생각하면서 이 경험을 가치 있게 여겨주세요. (기대하는 행동 말하기)

혹시라도 경계선 지능장애 학생처럼 교사가 하는 지시나 안내를 잘 따르지 않는 학생이 있으면 틈날 때마다 교사 자신에게 먼저 이렇게 말해주는 게 좋습니다.

교사의 속마음 : 아, 우리 반은 너만 없으면 되는데….
→ 네가 있어서 교사인 나도 성장하고, 우리 반 아이들도 많이 배우는구나. 참 고맙다.

교사의 생각은 행동에 반영되고, 행동은 보이지 않게 학생들에게 스며듭니다. 교사가 '네 덕분에 내가 성장하고 있다'라고 믿고 그렇게 행동하면 실제로 학생이 일으키는 문제 행동은 점점 줄어듭니다. 신기할 정도로 그렇습니다.

사실 경계선 지능장애 학생은 교사가 같은 말을 10번씩 해도 지도가 어렵습니다. 다른 학생들처럼 몇 번 말하면 달라질 거라고 기대하는 것보다 '쉽게 변하지 않아도 상관없어. 나는 그저 교사로서 내가 할 수 있는 최선을 다 한다'라는 식으로 마음을 단단히 먹는 게 좋습니다. 실제로 경계선 지능장애 학생을 지도하는 것은 일반 교사의 영역을 넘어서는 지도이기 때문에 그렇습니다. 그럼에도 통합학급에서 경계선 지능장애 학생이 배울 수 있는 게 있고, 다른 학생들도 배울 수 있는 게 있습니다. 함께 지내는 동안 모두가 함께 행복할 수 있는 방법을 찾아내는 것이 좋습니다.

경계선 지능장애 학생과 함께 공부하는 다른 학생들이 피해의식을 갖거나 해당 학생을 꺼리는 일이 없도록 주의해서 지도하는 게 좋습니다. 피해 학생에게는 이 일이 반복될 수도 있다고 말해주되, 교사가 관심을 갖고 지도하고 있으므로 믿고 기다려달라는 식으로 전적으로 신뢰를 얻는 게 좋습니다. 특히 다른 아이들이 함께 이 아이를 도와주고 이해해줘야 한다는 걸 아이들이 인정하고 받아들여야 합니다. 그래야만 문제가 생겨도 아이들 사이에서 부드럽게 해결할 수 있고, 설사 교사에게 불만을 이야기하는 상황이 온다 해도 문제가 더 커지지는 않습니다.

> **학생들** : 선생님, 지웅이가 또 저희들 속옷 끈 잡아당겼
> 어요. (불만을 이야기한다.)
>
> **교사** : 그랬어? 많이 놀랐겠구나. (공감하기) 너희들도 알지
> 만, 선생님이 지웅이한테 지난번에도 그럼 안 된
> 다고 이야기했잖아. (객관적 사실 말하기) 사실 지웅이
> 는 같은 행동을 몇 번이고 다시 할 수 있어. 하지만
> 선생님이 지웅이를 주의 깊게 보고 있고, 계속해
> 서 지도할 거니까 선생님을 믿고 기다려줘. 그리
> 고 다음엔 너희들도 지웅이한테 말해줘. "이러면
> 안 돼. 기분 나빠"라고 단호하게 말이야. 그렇게
> 말해줄 수 있지? (기대하는 행동 말하기)

저는 몇 년 지났을 때 비슷한 학생을 만났는데, 그때는 한결
유연하고 부드럽게 대응할 수 있었습니다. 교사도 힘든 시간을
보내면 그만큼 성장하게 되는 것이니까요.

자책감을 내려놓고
나 자신을 안아주세요

저는 학생들과 지내는 것 말고는 사실 잘하는 게 없습니다. 동료 교사와 관계도 힘들고 학교 업무 처리도 잘 못합니다. 노력은 하지만, 학년 업무에서도 실수가 잦습니다. 이래저래 옆 반 선생님들과 부장 선생님께 항상 죄송한 마음뿐입니다. 저는 아무래도 선생 자격이 없는 것 같아요.

신규 교사였을 때, 저는 참 열심히 하는 선생이었습니다. 아이들을 너무나 예뻐했고, 사랑했습니다. 욕심도 많아서 학교 일도 잘하고 싶었습니다. 맡았던 업무가 '생활'이었는데요. 어중간한 것은 전부 생활계로 공문이 배분됐기 때문에 이래저래 제

출해야 할 보고 공문이 많았습니다. 하루가 멀다하고 날아오는 공문을 어떻게든 혼자 힘으로 해결하려고 많이 애썼습니다.

그런 노력과 열정만으로 학교생활이 쉬워지면 얼마나 좋을까요. 학교생활은 신규 교사에게 결코 만만치 않았습니다. 아무리 예뻐해도 우리 반 아이들은 매일 사건 사고를 일으켰고, 보고한 공문은 어딘가 틀렸거나 단어를 빠뜨리거나 했습니다. 아무리 노력해도 조금도 나아지지 않는 느낌이었습니다.

피곤에 절어서 집에 오면 곰곰이 생각해보곤 했습니다. 다른 선생님들은 다 잘만 하는데, 저만 못하는 것 같았습니다. 다른 선생들과 달리 저 혼자만 제자리를 뱅뱅 맴도는 것같이 마음이 찜찜하고 불편했지요. 그 마음은 아마도 더 정확하게는 학급경영도, 수업도, 교육과정도, 학교 업무도 잘 못하는 저 자신에 대한 자책감 같은 것이었죠.

이 자책감은 그 한 해를 못 버티게 만들어버렸습니다. 2학기 초반에 평소 사이가 안 좋던 동료 직원과 사이가 틀어지면서 어떻게 손써볼 구석 하나 없이 학교생활이 힘들어졌습니다. 결국 사표를 쓰고 지역을 옮기게 됐죠. 부적응 교사로서 어쩔 수 없이 했던 선택이었지만, 이 일은 두고두고 저를 괴롭혔습니다. 사랑했던 첫 제자들을 끝까지 가르치지 못하고 중간에 포기한 것에 대한 깊은 후회였지요. 오랫동안 힘들고, 괴로웠습니다.

그때 가장 많이, 그리고 가장 자주 했던 생각이 '나는 부적응 선생이구나'였습니다. 저는 교대 다닐 때 전체 수석을 할 만큼 성적이 우수한 학생이었습니다. 그러나 막상 사회에 나와 선생이 되었을 땐 말 그대로 부적응 선생이었습니다. 저는 교사들이 모여서 잡담을 하거나 수다를 떠는 무리에 끼지도 못했을 뿐 아니라 직원들 사이에선 대놓고 왕따였습니다. 교사들 회식 자리에 불러주지도 않고, 말을 걸어주는 사람도 없는 진짜 왕따 말입니다.

그럼에도 그때나 지금이나 선생이 된 이후, 지난 25년 동안 단 한 번도 하지 않았던 생각이 있습니다. 바로 '나는 선생 자격이 없는 사람이다'라는 생각입니다. 교사로서 가르치는 능력이 부족할 수는 있어도 선생 자격이 있고 없고를 말할 수 있는 사람은 동료 교사도 아니고, 관리자도 아니고, 학부모도 아닙니다. 오로지 내가 가르치고 사랑하는 아이들뿐입니다.

내가 가르치는 학생들이 믿고 따라준다면, 내 학생들이 진심으로 사랑하고 지지해준다면 교사는 그걸로 충분하다고 저는 지금 이 순간도 믿습니다. 저는 누구보다 못나고 부족한 교사였음에도 선생 자격이 없다는 생각은 안 해봤습니다. 만약 못나고 부족한 선생이라고 자책하는 분이 있다면 스스로에게 이렇게 말해주면 좋겠습니다.

교사 : 나는 선생 자격이 없나 봐. 이것도 못 하고 저것도
    못 하고, 못하는 것투성이야. 나 같은 사람은 선생
    하지 말아야 돼. 난 너무 못났어.
    → 괜찮아. 열심히 하고 있잖아. 이만큼 한 게 어디야.

제가 강의와 책으로 교사들을 많이 만나면서 깨닫게 된 게 있습니다. 우리나라 교사들은 자기 자신에 대한 기준이 매우 높다는 것입니다. 물론 저도 그랬지만, 실수하는 것을 교사 자신이 누구보다 못 견딥니다. 우리나라 선생님들은 스스로 낮추어 생각하는 데에 너무나 익숙한 게 아닐까 싶어요. 이미 충분히 잘하고 있고, 너무나 멋지고 대단한데도 말이지요.

이건 겸손이 아니라 비하 아닐까요. 진짜 겸손은 잘난 사람이 못한다고 말하는 게 아닙니다. 잘난 사람이면서도 "더 배우고 싶습니다"라고 말하는 게 겸손입니다. 남들 앞에서 자신을 쉽게 낮추는 사람은 혼자 있는 순간에도 스스로를 낮춥니다.

그러지 말고, 선생님이 스스로 자신을 남보다 먼저, 그리고 조금만 더 따뜻하고 살뜰하게 안아주었으면 합니다. 저는 실제로 교사 강의에서 "자신을 안아주고 토닥토닥해주세요"라고 꼭 말합니다. 두 팔을 벌려서 직접 자기 자신을 안아주고 토닥거려주는 연습도 하게 합니다. 이런 연습이 우리 모두에게 꼭 필요하다고도 생각합니다.

앞으로는 내가 선생 자격이 있다, 없다를 스스로 판단하지 않았으면 합니다. 그 판단은 우리가 가르치는 학생들의 몫으로 맡겨두세요. 교사는 그저 한 걸음 한 걸음 꾸준히 앞으로 나아가면 됩니다.

안개 속에서 자동차 운전을 해보았다면 알 겁니다. 한 치 앞을 내다보기 어렵더라도 내비게이션에 목적지만 잘 입력해두면 더디고 느려도 언젠가는 목적지에 닿습니다. 좋은 선생이 되겠다는 목적만 분명하다면 이리저리 돌아가도 결국 좋은 선생이 되어 있는 자신을 발견하게 될 겁니다.

단호하되 부드러운
상반된 모습이 필요해요

아이들이 자주 싸우고 다툽니다. 저도 모르게 아이들한 테 자꾸만 화를 냅니다. 부드럽고 친절하게 대하고 싶은 데, 그렇게 못하고 자꾸 아이들에게 화를 내고 야단만 하 는 제가 초라하게 느껴질 때도 있습니다. 어떤 식으로 말 해야 할까요?

교대에 다닐 때 지도 교수님이 꿈이 뭐냐고 물었던 적이 있습 니다. 당당하게 답했습니다.

"좋은 교사가 되고 싶습니다."

그러자 질문이 되돌아왔습니다.

"그러니까, 그 좋은 교사가 도대체 뭔가?"

순간, 할 말이 없었습니다. 좋은 교사가 뭐지? 좋은 교사가 되고 싶다고 말만 했지, 진짜 좋은 교사가 무엇인지 나는 깊이 생각해본 적조차 없구나, 그때 처음으로 깨달았습니다.

우리는 흔히 좋은 교사를 아이들에게 친절하고 많이 웃어주는 부드러운 교사라고 생각합니다. 저도 그랬고요. 저는 아이들을 사랑해주는 교사가 좋은 교사가 아닐까, 단순하고 막연하게 생각했습니다. 좋은 교사가 되고 싶었던 저는 아이들에게 화를 내지 말고 어떻게든 이해하고 웃어주려 노력했습니다.

제가 신규 교사 때 아이들을 업고 다녔다는 이야기를 책에 썼던 적이 있는데요. 정말로 점심시간마다 반 아이들을 업어줬습니다. 조금도 힘들지 않았고 그게 그렇게 즐거울 수 없었습니다. 아이들이 엄마가 선생님보다 좋다고 하면 그 말이 서운해서 눈물을 흘릴 정도로 아이들을 좋아했습니다.

그런데도 저희 교실에선 끝없이 아이들끼리 싸우고 때리고 욕했습니다. 늘 시끄러워서 옆 반 선생님에겐 민망했고, 학기 초엔 한 명도 없던 학습부진 학생이 느닷없이 저와 공부한 이후 7명까지 늘어났고요.

저는 어쩔 수 없이 아이들에게 수없이 화를 내야 했습니다. 그렇게나 예쁘고 사랑스러운 아이들한테 화를 내고 나면 또 그게 그렇게나 마음 아플 수 없었습니다. 좋은 선생이 무엇인지 그때도 잘 몰랐던 것이죠.

한 설문[6]에서 교원들이 추구하는 바람직한 교사의 모습을 물었습니다. 유·초·중·고뿐 아니라 대학 교원까지 포함해 교원 5,493명에게 설문한 결과, '선생님이 되고 싶은 이 시대의 교사상'을 묻는 항목에 69.9퍼센트가 '학생을 믿어주고 잘 소통하는 선생님'이라고 대답했습니다. 그 뒤는 40.7퍼센트의 선생님이 '학생들을 사랑하는 교사'라고 응답했습니다. 이 설문 결과만 봐도 교사들이 생각하는 최고의 교사는 학생들을 사랑하고 아끼며 좋은 관계를 맺는 것이라고 볼 수 있습니다.

또 다른 연구[7]에서는 반대로 학생들에게 설문했는데요. 초등학생과 중학생에게 어떤 선생님을 좋아하는지 물었습니다. 설문 결과, 초등학생은 '수업을 재미있게 하는 선생님'이 35.15퍼센트로 가장 응답이 많았고, '친구처럼 편안한 선생님'이 26.58퍼센트로 2위였습니다. 중학생은 '친구처럼 편안한 선생님'이 32.58퍼센트로 가장 높았고요. 학생이 꼽는 좋은 선생님은 평소에 편안하게 대해주고, 재미있게 수업해주는 선생님이라고 볼 수 있겠지요.

이 결과를 뒤집어서 생각해볼까요? 이렇게 교사와 학생 사이의 관계가 밀접하고 깊으면 그만큼 서로 상처를 받기도 쉬워집니다. 학생이 교사에게 상처받기도 쉽지만, 교사도 학생에게 인간적인 친밀함이나 따뜻한 관심과 표현을 하지 못하는 상황이 되면 그런 상황 자체를 힘들어하게 되는 것이지요. 제가 그랬던 것처럼 말입니다. 사실 다른 직업과 달리 유난히 감정 소모가 크고 자주 피곤한 직업이 교사인 것도 그래서입니다.

이런 요인을 살펴봤을 때 교사가 부정적인 감정을 표출하게 되면 교사가 먼저 후회나 자책감을 느끼기 쉽습니다. 어떻게 하면 감정적인 소모를 덜 하고 화를 덜 내면서도 교사의 뜻을 학생들에게 정확하게 전달할 것인가 하는 부분을 늘 염두에 두어야 합니다. 즉, 화내지 않고도 할 소리를 정확하게 하는 방법을 익히는 게 중요합니다.

사실 화내면서 소리치면 교사가 학생보다 훨씬 더 피곤합니다. 학생들은 금방 잊고 뛰어놀지만, 어른인 교사는 화가 잘 가라앉지 않지요. 게다가 화를 내느라 지도를 미처 제대로 하지 않고 넘어가게 되면 다음에 비슷한 상황이 또 생깁니다. 그럼 이번에 화냈던 것을 보태서 더 심하게 화를 내야 하는 상황이 만들어집니다. 교사 눈엔 학생들이 매번 말썽만 부리는 걸로 보일 테고, 이 말썽꾸러기들은 정말로 또 다른 말썽거리들을 자꾸만 만들어내기 시작합니다. 한 번 화냈던 경험이 있기 때문에 교사는 또 화를 내게 되고요. 한마디로 교실에 화의 악순환이 생겨버리는 것이지요.

학생들에게 어떤 행동을 기대하는지 교사 스스로 명확하게 인지하는 것이 먼저입니다. 학생들이 만들어놓은 상황에 쉽게 빠져들지 말고, 객관적이고 냉정하게 바라보는 것이 둘째고요. 마지막은 단호하되, 부드러움을 놓지 않는 게 좋습니다. 교사가 이런 상반된 2가지 모습을 다 갖고 있다는 걸 아이들이 알면 알수록 교실에 평화로운 질서가 잡히기 때문이지요.

교사 : 선생님이 그렇게 하지 말라고 했지? 너희들은 왜 자꾸 말을 안 듣고 그렇게 제멋대로 행동하니? 응? 선생님이 이걸 몇 번을 말해? (교사가 원하거나 기대하는 것은 말하지 않고 있다.)

→ 선생님이 이 부분은 안 된다고 말했어. (아이의 행동에 선 긋기)

→ 왜 이런 일이 생겼다고 생각하니? (스스로 문제점 찾아보게 하기)

→ 앞으로 이 부분을 어길 경우, 어떻게 할지 말해보도록 하자. (스스로 해결책 찾아보게 하기)

→ 선생님은 너희들이 잘 해낼 거라고 믿어. (부드럽게 다독이며 마무리하기)

학생은 교실에서 원칙적으로 해서는 안 되는 일이 무엇인지 알아야 합니다. 그래야 함부로 행동하는 일이 점점 줄어듭니다. 전년도엔 말썽을 부렸던 아이라 해도 마찬가지입니다. '아, 이

선생님 하고 있을 땐 함부로 행동하면 안 되겠구나'라고 말썽꾸러기 아이도 금방 알아차립니다.

이렇듯 교실이 평화로워져야 교사가 화를 내는 일이 줄어들고, 마음이 편안해집니다. 교사의 마음이 편안할 때 교실도 편안해지지요. 교실은 교사가 마음먹기에 따라서 화가 악순환되기도 하고, 부드러움이 선순환되기도 하니 이 부분은 교사가 하기 나름이라고 보는 게 좋겠지요.

좋은 선생님이
된다는 것은

저는 학기 초부터 절대 하면 안 되는 일 몇 가지를 정해놓고 지키게 했습니다. 학부모 상담이든, 교육과정설명회든, 학급 홈페이지에 교단 일기를 쓰든 상관없이 폭력은 안 된다고 학부모와 학생들에게 똑같이 선을 그어주었습니다.

폭력에는 신체적인 폭력도 있지만, 욕하거나 비난하는 식의 언어적인 폭력도 있습니다. 어떤 폭력이든 교실에서 반복되면 그 교실은 학생들이 안전하고 평화롭게 공부하기 어려워집니다. 이런 부분은 아이들 귀에 딱지가 앉을 때까지 정말로 틈날 때마다 설명하는 게 좋습니다. 저는 폭력적인 행동이나 말을 하는 식으로 약속을 어길 경우에는 그에 따른 책임을 학부모가 함께 져야 한다고 몇 번이고 강조해서 지도했습니다.

나중에는 아예 신체 해부도를 가져다 놓고 급소에 빨간 스티커를 붙여보게 했습니다. 장난으로라도 치면 안 되는 곳이 급소(인중, 목젖, 명치, 성기 등)라는 걸 아이들이 깨달을 때까지 충분하게 시간을 두어 반복해서 가르쳤습니다. 장난으로 급소를 쳤을 경우 벌어질 수 있는 최악의 심각한 일도 영상을 보면서 함께 가르쳤습니다. 이런 수업을 한 다음에는 아이들과 깊이 이야기를 나누고, 느낀 점을 글로 쓰고, 역할극까지 했지요.

　학기 초부터 워낙 일관되게 지도했기 때문에 저희 교실에선 신체적인 폭력이든 언어적인 폭력이든 할 것 없이 폭력이 원인인 자잘한 사건이나 사고가 현저하게 적었습니다. 옆 반에서 싸움이 10건 벌어지는 동안 저희 교실에선 싸움이 1건 있을까 말까 했으니, 말 다 했지요.

　경력이 쌓인 이후로는 다른 교실에서 종종 일어나는 언어적인 다툼이나 신체적인 싸움조차 거의 없었습니다. 덕분에 제가 아이들에게 화를 낼 일도 없었지만, 화를 낼 상황이 있어도 화를 내지 않고 조용하고 차분하게 처리할 수 있었습니다. 화낼 상황이 자주 반복되면 교사가 예민해지고 신경이 곤두서지만, 그런 일이 어쩌다 한 번 있는 정도로 줄어들면 교사가 얼마든지 여유 있게 대응할 수도 있기 때문입니다.

단호해야 할 때와 부드러울 때를 아는 게 좋은 교사라고 생각합니다. 단호해야 하는데도 단호하지 못하거나 부드러워도 될 때 부드럽지 못하다면 이미 좋은 교사가 아닌 것입니다. 단호해야 할 땐 물러서거나 움츠리지 말고 단호하게 나가세요. 다만, 아이들에게 화를 내는 것인지, 단호하게 말하고 있는 것인지를 스스로 판단할 수 있어야 합니다.

화내는 것과 단호한 것은 다릅니다. 교사가 부드럽고 나직하게 "안 돼" 하고 한마디했는데, 그 소리에 아이가 행동을 멈춘다면 그건 단호한 겁니다. "안 된다고 했지!" 하고 소리 지르고 있다면 이미 화를 내는 것이고요. 너무 엄하거나 강압적으로 느껴지는 말투를 사용하는 것은 좋지 않습니다. 아이가 교사에게 방어적인 태도를 취하면서 좋은 관계를 맺으려 하지 않기 때문입니다.

교사는 부드러우면서도 단호해야 합니다. 아이들 말에 잘 웃어주고 귀 기울여 들어주되, 아닌 것을 아니라고 말해주는 것이지요. 이 균형을 적절하게 잡아가려 꾸준히 노력하다 보면 어느 순간 깨닫게 될 겁니다. 아이들이 이미 교사에게 푹 빠져 있고, 좋은 선생이 돼 있다는 것을 말이지요.

지각적 입장에서 상황을 바라보세요

학부모와 이야기할 때마다 어렵고 불편합니다. 목구멍에 뭐가 걸린 것처럼 껄끄럽게 느껴질 때도 많습니다. 학부모와는 어떤 식으로 말해야 할까요?

살면서 가장 잘한 일이 있다면 여러분은 어떤 일을 꼽으실 건가요? 저는 3가지를 꼽습니다. 선생이 된 것, 책을 쓴 것 그리고 두 아이의 엄마가 된 것입니다. 평생 하고 싶었던 일이 책을 쓰는 것이었는데, 선생하면서 겪었던 일들과 생각을 책으로 썼으니 일석이조였다고 해야겠지요. 또한 두 딸을 낳아서 키운 덕분에 교사로서 더 많이 성장하고 발전할 수 있었기에 이 또한 참으로 감사한 일입니다.

저는 자녀들을 키우기 전까지만 해도 이해하기 어려운 학생이 더러 있었습니다. 특히 소극적이고 내성적인 아이들이 답답하게 느껴지곤 했습니다. 예를 들면 수업 시간에 발표 한 번 안 하는 아이, 친구들에게 먼저 말 걸지 못하는 아이처럼 소심한 아이들이었죠.

이런 아이들을 볼 때마다 '왜 좀 더 적극적으로 행동하지 못할까?' '자신 있게 손 들고 발표해도 되잖아'라고 생각하곤 했습니다. 어떻게든 아이가 손을 들고 발표할 기회를 만들어주려 애쓰면서도 한편으로는 답답하다고 생각했습니다. 교사로서 갖고 있던 일종의 편견이었지만, 저는 저에게 편견이 있다는 것조차 몰랐습니다.

이 생각은 자녀들을 키우면서 서서히 바뀌었습니다. 큰아이는 초등학교에 다니면서 공개수업 시간에 손 한 번 안 들 정도로 수줍음을 많이 타는 아이였습니다. 아이는 답을 알아도 부끄러워서 손 들기 싫고, 남들이 쳐다보면 가슴이 떨린다고 하더군요. 아이의 말을 들으면서 수줍음 많고 내성적인 아이의 부모들이 어떤 고민을 할지 이해할 수 있었습니다. 교사에서 학부모로 입장을 바꾸니, 제가 아이들을 얼마나 편견 있는 마음으로 바라보았는지를 새삼 깨닫게 됐습니다.

이게 고쳐야 할 행동이 아니라 그저 아이를 있는 그대로 바라봐주고 인정해주면 된다는 걸 이해하기까지는 그리 오래 걸리지 않았습니다. 교사의 일이기에 앞서 부모의 마음이 되었으니까요. 덕분에 교실에서도 소심한 아이와 그 부모들의 마음을 더 많이 헤아리려 노력하게 됐습니다. 만약 그들 부모의 입장이 되지 않았다면 이만큼 깊이 이해하진 못했겠지요.

이런 마음가짐을 우리는 흔히 역지사지라고 합니다. 입장을 바꿔 생각한다는 뜻이지요. 응용심리학인 신경언어프로그램(Neuro-Linguistic Programming, NLP)에서는 여기에서 한 걸음 더 나아가, 지각적 입장(Perceptual Position)이라는 심리적 기술을 소개합니다. 여기서 말하는 지각적 입장이란 크게 4가지 입장에서 상황을 바라보는 것을 말합니다. 4가지 입장은 나의 시점에서 보기, 상대의 시점에서 보기, 이 일과 전혀 상관없는 제3자 관찰자의 시점으로 보기, 이 모두를 관망하는 전지적 시점으로 보기를 말합니다.

이렇듯 시점을 달리하여 바라보면 무엇이 좋을까요? 한 가지 사건을 다양한 관점으로 바라보기 때문에 사건을 좀 더 객관적이고 냉철하게 들여다볼 수 있게 됩니다. 단순하게 남의 입장에서 생각하는 것을 넘어서 그 사람이 되어보고, 또 다른 관찰자의 눈으로 바라보게 되고, 한 걸음 더 나아가 이 모두를 관조하는 시점으로 사건을 보게 되지요. 결국 이런 다양한 시점에서 바라보기를 연습하고 훈련하면 어떤 일이든 흔들림 없이 평온하게 바라볼 수 있게 됩니다.

교사 : 왜 자꾸 귀찮게 하지? 그냥 교사가 말하는 대로 믿고 따라도 되잖아. 어련히 알아서 하려고… (학부모와 대화하는 게 답답하고 성가시게 느껴진다.)

→ 내가 학부모라면 어떤 말을 하고 싶을까?

내가 학부모라면 어떤 말을 듣고 싶을까?

내가 학부모라면 어떤 것을 교사에게 기대할까?

내가 학부모라면 어떤 것이 궁금할까? (입장 바꿔 생각하기)

내가 학부모와 이야기 나누는 걸 이 일과 상관없는 제3자가 본다면 무슨 말을 할까?

내가 학부모에게 말하는 태도가 제3자에게는 어떻게 보일까? (관찰자 시점에서 생각하기)

상대의 입장에서 말하고 생각할 때 가장 원활하게 소통할 수 있습니다. 교사가 학부모의 입장에서 생각하고 말할 수 있다면 그보다 더 훌륭한 의사소통 방법도 없을 겁니다. 학부모가 왜 방어적인 태도로 나오는지, 왜 공격적인 반응을 보이는지, 또 때로는 왜 무심하고 심드렁한지 조금씩 더 깊이 이해할 수 있지요. 사랑하면 알게 되고, 알면 보이나니, 그때 보이는 것은 그전과는 다를 것이라는 말이 있는 것처럼 말입니다.

선생님이 우리 금쪽이를 화나게 했겠죠!

그분은 교사들 사이에서 매우 유명한 학부모였습니다. 교사들이 민간 장학사라는 별명으로 부를 정도였으니, 그 별명 하나로도 어떤 분인지 설명이 되겠지요. 저는 그해 그분의 금쪽이에게 도덕과 음악을 가르치는 전담 교사였습니다. 일주일에 불과 몇 시간 만나는 게 다였으니 사실 그 일만 아니었으면 끝까지 별 존재감 없는 선생이었을 겁니다.

어느 날 수업 시간에 짝꿍이랑 지우개를 빌려주네, 마네 하는 일로 금쪽이와 짝꿍 사이에 싸움이 벌어졌습니다. 지우개를 빌려주면 지우개가 닳으니 빌려줄 수 없다더군요. 보다못해 지우개는 닳으라고 있는 거니까 빌려주라고 한마디 했습니다. 그러자 금쪽이가 버럭 화를 내더군요. "아, 싫다니까!" 하고 반말 비슷하게 말이 튀어나오는데, 순간 아이들에게 민망할 정도였습니다.

그대로는 수업할 수 없었습니다. 일단 교실 뒤에 나가서 시계를 보면서 60초를 센 다음 다시 들어와서 수업하라고 했습니다. 60초가 지났지만 아이는 돌아오지 않고 사물함 앞에 씩씩대며 서 있었습니다.

"금쪽아, 수업해야지" 하고 말했습니다. 금쪽이는 콧바람을 흥, 뀌고는 자리로 돌아오지 않았습니다. 다시 한번 "수업해야지"라고 말했지만 금쪽이는 꿈쩍도 하지 않았습니다. "그럼 선생님이 수업 못 해, 빨리 제자리로 와"라고 한번 더 말했습니다. 그랬더니 금쪽이가 갑자기 씩씩거리면서 사물함을 발로 걷어차고 의자를 집어던지는 게 아닙니까.

저도 다른 아이들도 다 놀랐습니다. 하지만 더욱 놀랄 일은 그다음에 벌어졌습니다. 금쪽이는 대뜸 "야, ○○, 네가 나한테 이래라저래라 하니까 내가 화내는 거잖아"라며 반말로 소리쳤습니다. '아, 오늘 수업은 글렀구나'라고 생각하며 이미 반쯤 망친 수업을 그대로 접었습니다. 나머지 아이들을 모두 교실로 돌려보냈습니다.

교무실로 전화를 걸었습니다. 상황을 설명하자 교감이 곧바로 달려왔습니다. 교감이 편들어주는 말을 할 거라고 기대한 것은 혼자만의 대단한 착각이었습니다. 교감은 저에게 대뜸 "학생의 학습권을 침해하겠다는 거예요? 지금 수업 안 하고 뭐 하는 짓이에요?"라고 말하더군요. 그것도 금쪽이 앞에서 말입니다.

저도 단호하게 말했습니다.

"학생에게 학습권이 있듯이 교사에게도 인격이란 게 있습니다. 저한테 반말만 한 게 아닙니다. 다른 아이들 듣는 데서 욕을 했습니다. 그런데도 제가 아무렇지 않게 수업해야 합니까? 전이 일을 반드시 사과받아야겠습니다. 학부모 불러주세요. 학부모에게도 사과받겠습니다."

그렇게 해서 기어이 금쪽이 엄마와 마주하게 됐습니다. 금쪽이 엄마는 제게 말했습니다.

"선생님이 먼저 아이를 자극했으니까, 아이가 화를 냈겠죠. 선생님이 잘못한 거잖아요. 우리 애는 그런 애가 아니에요."

우리는 이 책에서 교사의 말하기라는 주제를 놓고 참으로 길고 다양한 이야기를 함께 나누었습니다. 이 책을 다 읽었으니, 이 상황에서 여러분이 어떤 말을 할 것인지 상당히 궁금합니다. 여러분의 교실에는 이런 일이 당연히 없겠지만, 설사 일어난다고 해도 의연하게, 할 말을 제대로 다할 수 있기를 진심으로 기대합니다.

저는 그때 너무 놀라서 부들부들 떨리는 가슴을 꾹 누르면서 이렇게 말했습니다.

> 어머니, 이렇게 불려오셔서 많이 당황하셨지요? (감정 존중하기) 금쪽이가 어머니에게 소중한 아이이듯 저에게도 좋은 학생이에요. (상대가 듣고 싶은 말 먼저 하기) 어머니는 금쪽이가 반듯하고 훌륭한 사람으로 자라길 바랄 겁니다. 저도 그렇습니다. (공감하기) 그런데 금쪽이는 오늘 화가 났다고 의자를 집어 던지고 교사에게 욕을 하고 반말을 했습니다. 학생이 해서는 안 될 행동이지요. 어머니도 이런 걸 바라시지는 않지요? (행동에 선 긋기) 금쪽이가 반듯하고 훌륭한 사람으로 자랄 수 있는 기회를 주세요. 잘못을 사과하고, 앞으로 같은 행동을 안 하면 되는 겁니다. (기대하는 행동 말하기)

금쪽이 엄마는 한참 동안 말이 없었습니다. 그러더니 이내 고개를 숙이면서 사과를 했습니다. 금쪽이에게도 사과를 시켰고요. 선생님 같은 분은 처음이라고 하고 가셨으니, 정말로 많은 뜻이 담긴 말이었다고 생각합니다.

금쪽이 엄마와 금쪽이의 사과로 이 일은 일단락됐지만, 이 과정에서 배운 게 2가지가 있습니다. 하나는 동료라고 생각하는 사람이 뜻밖에 내 편이 아닐 수가 있다는 것, 다른 하나는 나를 지키는 데는 진심을 담아서 하는 말이 어쭙잖은 동료보다 열 배는 낫다는 것입니다.

그때 금쪽이 엄마를 설득했던 말도 이 책에서 내내 강조한 대화의 기술을 따르고 있습니다. 대화란 결국 일종의 논리를 펼쳐서 상대를 설득하는 것입니다. 공감을 얻어내든 긍정을 끌어내든 결국은 설득의 문제입니다. 대화의 법칙을 잘 활용할 수 있다면 교실에서 만나는 다양하고 복잡한 문제 상황들을 한결 수월하게 해결해갈 수 있을 겁니다. 금쪽이 엄마를 대화의 기술에 따라 제가 설득했던 것처럼 말입니다.

말은 양날의 검과 같습니다. 잘하면 약이 되고, 잘못하면 독이 되기도 합니다. 특히나 교사의 말은 너무나 그 영향력이 크기에 어린아이의 마음에 깊은 상처가 되기도 하고, 또 살아갈 용기와 희망을 주는 힘이 되기도 합니다.

그래서 선생님들이 선생님 자신을 지키고 아이들을 살리고 교육에 힘을 불어넣는 가장 큰 도구로 말을 잘 쓰시길 바랍니다. 선생님의 따뜻하고 선한 마음을 담는 그릇으로 말을 잘 갈고 닦으시길 진심으로 기대합니다. 선생님의 교실을, 선생님의 삶을, 그 모든 걸 채워나갈 선생님의 따뜻한 말을 뜨겁게 응원합니다. 고맙습니다.

끝으로 이 책을 처음부터 끝까지 함께 해주신 빅피시의 박지숙 이사님, 깊이 감사합니다. 이사님의 친절하고 따뜻한 말이 이 원고를 마무리하는 데 큰 힘이 되었답니다. 고맙습니다.

엄마, 하나님이 기뻐하시는 책을 쓰게 해달라고 매일 기도한다고 했지. 이 책이 엄마가 기도한 대로 하나님이 기뻐하시는, 대한민국 선생님들에게 도움되는 책이 될 거라고 믿어. 지금의 나를 있게 한 우리 엄마, 고마워요. 사랑해요.

참고문헌

1   "성공하는 삶에 IQ보다 '비인지 기술' 중요." 교육 성취도에 인지 능력보다
    더 큰 영향 미쳐, The Science Times, 2021. 01. 11.
2   〈아이를 사랑하는 일〉 오카와 시게코, 라이프앤페이지, 2021.
3   '교육학자 알피 콘이 말하는 칭찬의 기술 4가지', EPN(Education Policy News),
    2021. 11. 04.
4   "존나의 뜻은…" 욕설 어원 알려줬더니 '자제 효과', 연합뉴스, 2015. 11. 16.
5   Bellon & Blank
6   "얘들아, 사랑한다" "선생님, 감사합니다" 한국교육신문, 2019.05.13.
7   부산 초·중학생, 친구처럼 편안한 교사 원해, 뉴시스, 2017. 02. 28.

교사의 말 연습

초판 1쇄 발행 2023년 1월 18일
초판 21쇄 발행 2024년 12월 2일

지은이 김성효
펴낸이 이경희

펴낸곳 빅피시
출판등록 2021년 4월 6일 제2021-000115호
주소 서울시 마포구 월드컵북로 402, KGIT 19층 1906호